《艺术之约》（美术卷）

主　编／音　渭　林　锜

艺术之约

Picasso

毕加索

石磊 音渭 编著

山西出版传媒集团
山西教育出版社

图书在版编目（CIP）数据

毕加索 / 音渭，林锜主编 ；石磊，音渭编著. -- 太原 :山西教育出版社, 2015.9

（艺术之约）

ISBN 978-7-5440-6261-9

Ⅰ.①毕… Ⅱ.①音… ②林… ③石… ④音… Ⅲ.毕加索，P.R.（1881-1973）-传记 Ⅳ.①K835.515.72

中国版本图书馆CIP数据核字(2015)第054131号

艺术之约·毕加索

（YISHU ZHI YUE BIJIASUO）

音渭、林锜　主编　音渭、石磊　编著

出品人　雷俊林

策划人　孙　轶

责任编辑　李梦燕

装帧设计　王春声

出版发行　山西出版传媒集团·山西教育出版社

（地址：太原市水西门街馒头巷7号　电话：0351-4729801　邮编：030002）

印　　装　山西臣功印刷包装有限公司

开　　本　889×1194　1/32

印　　张　8

字　　数　124千字

版　　次　2015年9月第1版　　2015年9月山西第1次印刷

书　　号　ISBN 978-7-5440-6261-9

定　　价　31.90元

来赴一场艺术之约

（代序）

绘画是人类天生的艺术。人们从孩提时代，便懂得用简单的线条勾勒眼中的世界。

好花不长开，好景不长在，有人却能用画笔将一刹那定格成永恒；平凡的事，平凡的物，有人却能赋予其新的生命，带人们发现它的美好；有形的景，无形的情，有人却能将情感挥洒成动人心魄的色彩，唤起人们深深的共鸣。

这样的作品，这样的人，都是我们耳熟能详的。它们永恒地铭刻在人类文明史上，深植入我们的头脑，构成我们基本的常识。这套书，便是一封跨越世纪的邀请函，翻开它，来赴一场艺术之约。

它讲的是美术家的人生，同时用人生的河流串起每一处绝妙的风景，也就是他们的作品。他们的生命从哪里开始，他们有怎样的家庭、怎样的童年、怎样的爱情、怎样的病痛，又怎样成长、怎样探索、怎样谋生，那些伟大的作品又是在什么情况下诞生……你会在这里一一找到答案。

他们其实不是艺术圣坛上那一张张用来膜拜的画像，而是跟我们每个人一样，有血有肉，有哀有乐。米勒有一个温暖快乐的童年；雷诺阿生了一个成为 20 世纪著名导演的儿子；高更最先是一位从事金融业、收入丰厚的绘画“票友”；梵高直到生命的最后一年才卖出一幅画；毕加索情人无数，80 岁时还迎娶了 35 岁的妻子；蒙克一生在亲人去世、病痛、烟酒、精神癫狂中度过，却活到 81 岁高龄……每一幅经典画作，不再是展览墙上的木框，而与鲜活的生命相联系。你能够如此真切地感受到那些线条与色彩是由怎样的双手来勾勒的。

当这许多位美术家汇集到一起，又串起了一部美术史，他们是美术史的链条上最璀璨的珍珠。每一本书都不是孤立的，而是互相呼应，他们是自己的传主，同时又是其他传主的背景。有时，几位名家同时出现或前后承接，你会发现他们在时间和空间上竟如此相近。你仿佛徜徉在巴黎的卢浮宫，漫步在枫丹白露森林，沉浸在浓厚的艺术氛围中。你看到他们在塞纳河畔背着画夹写生，在学院的画室研究着比例与笔法，在街角烟雾缭绕的酒馆进行着思想的争鸣，在为参加各种沙龙而忙着选画、贴标签、装箱、布展……

你的美术素养不再停留在知道几幅画作、几个名字上，你与艺术的联系更加紧密。你会在一场美术展览中关注画作的派别和技巧，你会在子女接受美术教育时找出最经典的画作，你会在某个地方旅行时说出哪位美术家曾与你走过同一段路。

更重要的——你会更加深刻地感受到艺术的美好。面对安格尔的《泉》，你是否为少女洁白自然的胴体而赞叹？面对米勒的《晚钟》，你是否为农民的虔诚、宁静、纯洁而感动？面对雷诺阿的《煎饼磨坊的舞会》，你是否听到阳光在树叶的空隙中欢跃喧闹？面对梵高的《向日葵》，你的双眼是否被那火焰般的明亮点燃？

林　锜

2015 年 6 月于北京

目　　录

写 在 前 面

在这本书中，我们将展示毕加索的生平和作品。

在展示的过程中，我遵循的思路是知人论世。我们将结合毕加索的人生来谈论他的作品，而反过来，通过他的作品也能够更加深入地理解他的人生。描绘毕加索的生平和作品，我们的目的是通过毕加索这个缩影来理解现代艺术的风格和追求，进而进入两个侧面的深入探索：一个是进入 20 世纪那风流激荡的世界历史，另外一个是对一般的基本艺术命题的讨论。这二者都是以毕加索的人生行旅和艺术征程为基础的，这种探索对我们理解毕加索是有帮助的。

我们在这本书中想要告诉读者的，不仅仅是毕加索的基本生平和艺术成就，而且希望给读者提供一条理解毕加索的艺术通道，乃至于理解一般艺术的基本方法和基本思路。这里没有深奥的专业术语，更多的是生动有趣的类比和描述；这里没有凭空捏造的神迹，更多的是为读者还原的历史原貌。当然，一切历史都是当代史，我们的揣测和推理也不可避免地出现在一些情节中。总而言之，这本书可以说是一本提高艺术修养的指南，而不是一部客观主义的历史作品；可以说是一本人生成长的教科书，而不是一份有板有眼的道德判决书；可以说是一本个人奋斗的精神史，而不是一篇天才显灵的神秘崇拜诗。

读完这本书，我们希望读者不仅认识了艺术家毕加索，还可以更好地认识自己，提升自己。

第 1 章：恐惧的孪生子

出生就是重生

毕加索出生在西班牙港口城市马拉加，它是直布罗陀海峡以东的第一个重要的港口，但它所地属的安达卢西亚省份却是一个最能代表西班牙“王权复辟”的省份。1875年，该省在坎波斯将军发动政变之后，比其他的地方更加死守过去，与东北部的加泰罗尼亚地区形成鲜明的对比。马拉加是毕加索艺术生涯开萌的地方，但他艺术眼界的真正打开，则是在充分经历了工业革命洗礼的巴塞罗那。当时已颇具现代气息的巴塞罗那，正是加泰罗尼亚地区的首府。在那里，毕加索完成了向 20 世纪的跨越与转变。可见，读万卷书，行万里路，给予青年人的除了阅历，更是

唐・约瑟

眼界，很难想象倘若毕加索一直扎根在马拉加，我们今天是否还会知道这样一位美术大师。

毕加索的父亲唐·约瑟是马拉加公立圣台尔摩美术学校一位自命不凡的素描教师，同时兼任市立美术馆的馆长。唐·约瑟虽然没有过人的艺术天赋，但在多愁善感这一点上却不比任何一个有成就的艺术家少。年轻的时候他因放荡不羁而闻名乡里，还是一群青年人中大哥式的人物，做了很多荒唐的事情。父亲死后，唐·约瑟尽管已经成年，却仍旧依赖哥哥养活。唐·约瑟的哥哥是马拉加大教堂牧师会的成员，一心希望弟弟向善。当他发现弟弟对美术产生兴趣的时候，非常高兴，便在经济上给予积极的资助。为了帮助唐·约瑟摆脱花花公子式的生活方式，哥哥不惜鼓励他从事当时并不太受人尊敬的美术事业。

家人对唐·约瑟的“弃恶从善”感到欢欣鼓舞，并将其堂妹玛利亚·巴勃罗·洛佩兹许配给了他，这是符合当时的传统和习俗的。玛利亚是典型的安达卢西亚山区人，她精神饱满且充满活力，内心隐藏着对控制和秩序的向往。与玛利亚的婚姻并没有打乱唐·约瑟散漫的生活节奏。除公职之外，他最常做的事情就是与朋友们坐在咖啡厅里消磨时间。而这时，他的妻子与自己带进丈夫家的一群女人——两个没有出嫁的妹妹和母亲——便一起在位于梅赛德广场上的舒适公寓中当起了家。

毕加索出生在 1881 年 10 月 25 日这天。也许是公务繁忙，分身乏术，当时唐·约瑟并不在现场，而他的弟弟萨尔瓦多·布拉索医生则一直守候在医院。玛利亚出现了令人担忧的难产状况。夜里 11 点，助产士终于从玛利亚的身体里拽出一个男婴，却发现他已经没有了呼吸。看着自己可怜的小侄子，萨尔瓦多·布拉索医生点起了一支雪茄烟，

玛利亚

狠狠朝婴儿的小鼻孔里吹了一大口，顿时，一阵生命力顽强的哭声盈满了整个产房。所有人都惊喜交加地将注意力投向婴儿，萨尔瓦多·布拉索医生捏着他的雪茄哈哈大笑："你们可别忘了，我也是一名医生！"

11月10日，新生的婴儿在圣地亚哥教堂接受洗礼，唐·约瑟为自己的儿子取名为巴勃罗·迭戈·约瑟·弗朗西斯科·德·保拉·璜·尼波穆切诺·希波连诺·德·拉·山迪西马·特立尼达·鲁伊兹·毕加索。在这串长长的名字中，包含着婴儿的父亲、母亲、教父和教母的姓，这是一种独特的对长辈的纪念形式。不过这个名字只在马拉加市政厅注册了一下，之后就再也没有派上用场，巴勃罗·鲁伊兹·毕加索这个名字因为主人杰出的艺术成就而永垂不朽。

通常，当一个人在历史上取得了伟大成就的时候，人们就会到他的生平里去找寻成功的密码。尤其是对于一些被认为有着天才式创造力的大人物，我们总认为他们的生命褶皱中隐藏着某种神秘的东西，而这些神秘的东西则构成了他传奇的人生和作品。但是，历史又往往告诉人们，传奇人物也只是普通人，与其说他们有着与众不同的天赋，不如说他们的成就是来自生活的锻造。所有伟大人物的故事都告诉我们的道理是：每个人都有他的天资和禀赋，重要的是在生活里将它们彻底展开，而不是因为别人看重的荣耀而放弃自己最初的兴趣和爱好。毕加索的成功固然少不了他过人的天赋，但是，他得以成为20世纪最伟大的艺术家之一，同样仰赖着他找到了正确地展开自己天赋的道路，并且勇于打破权威和成见，在积极思考之中完成了自我的塑造。

这里我们尤其要指明的是，仅仅去膜拜一个历史人物的天赋是错误的想法，因为任何天才都无法复制，我们想要从历史人物身上学习到对自己有用的智慧，首先要做的就是把这个人物充分历史化和现实化，而非神秘化和偶像化。这也是本书呈现毕加索生平和作品的一个核心原则。

童年毕加索

妹妹与地震一同到来

时间来到1884年，毕加索已经三岁。在这一年的圣诞节前夕，马拉加发生了地震。地震发生的这天早晨，唐·约瑟在离开家去戈梅斯开的杂货店之前，特意嘱咐玛利亚不要随便走动，因为她已经有了九个月的身孕。而玛利亚心情并不舒展，不久前受到一群过街老鼠的惊吓，她至今还心有余悸。她心里还想着这次一定要生个女孩，她总向唐·约瑟抱怨男孩太调皮，而唐·约瑟总会很大男子主义地说："男孩才有出息嘛，你们女人就只会做饭!"玛利亚并不还口，但心里想："你要是有点出息，我也不至于那么巴望生女孩了。"

地震到来的时候并不像戏剧舞台那样，会有开场铃声。它不管自己的观众是否准备就绪，就自顾自地开演了。当房子像马车的车厢一样晃动起来的时候，玛利亚慌张极了，她的心脏和子宫都感到痉挛般的难受。小毕加索在地震的初始还感到有一丝兴奋，想起了自己玩过的旋转木马；他同时惊叹于大地的摇晃对餐具桌椅的重新布置，一个“破坏就是创造”的奇怪念头从他的脑子里萌发出来。但这都是一闪念的事情，他毕竟还只是个三岁的孩子，在两个姨母的尖叫声和妈妈惊恐的眼神里，他第一次读出了灾难的味道。外婆紧紧地搂着他，用颤抖的声音祷告上帝，然而，上帝却用更猛烈的震动来回应她的祷告。万般危急的关头，唐·约瑟及时赶了回来。他取下自己的帽子扣在了毕加索的小脑袋上，然后一手把他抄起来，挟得紧紧地往外逃。毕加索在天旋地转中随着一家人逃出了公寓。

逃出公寓之后，他们一家暂时躲在一个住在港口岩坡上的画家朋友安东尼奥·德格兰那里。当天晚上，小毕加索的第一个妹妹劳拉呱呱坠地。看着这个满身皱纹的女婴，唐·约瑟和玛利亚会心地相视一笑。而与妹妹一同出生的，还有毕加索的孪生兄弟——恐惧。这次地震给毕加索留下了不小的阴影，不安全感几乎伴随了他的一生。他害怕孤单，害怕动荡。在他强大的心脏深处，隐藏着这一抹童年的阴影，永不消退。但对这种恐慌感的深刻体验，也成为毕加索艺术生涯中的重要资源，使他的作品有着很强的情感穿透力，比如毕加索后来的著名壁画《格尔尼卡》，我们所能体验到的震撼力就是他地震体验的变形传达。这是一种艺术的情感交流，正如俄国文学大师列夫·托尔斯泰对艺术所做的定义。

列夫·托尔斯泰（1828—1910），俄国伟大的批判现实主义作家、思想家。主要作品有《复活》、《安娜·卡列尼娜》、《战争与和平》。他为艺术作出了如下定义："在自己心里唤起曾经一度体验过的感情，在唤起这种感情之后，用动作、线条、色彩、声音，以及言辞所表达的形象来传达出这种感情，使别人也能体验到这同样的感情——这就是艺术活动。"

妹妹劳拉出生之后，敏感的毕加索意识到了自己的孤单，因为父母把很大一部分爱分给了那个更小的生命。与此同时，地震给毕加索幼小心灵带来的阴影也在他的想象力的作用下日益膨胀，让他感觉恐怖从生。他常常产生事物突然发生震颤和崩裂的幻觉，他那还未发育完全的狭小心房常常感到慌乱和恐惧。唐·约瑟把这一切都看在眼里，他开始拿出更多的时间来陪伴毕加索，引导毕加索画画。从观察中唐·约瑟发现，自己的儿子确实是这块儿料。

我们前面已经交代过，在马拉加市中心梅赛德广场的那套公寓中，住着四个姓毕加索的女人和一个姓鲁伊兹的男人。童年时毕加索也确实更多地跟外婆、妈妈和两个姨母待在一起，然而，真正影响毕加索人生走向的，却是他的父亲。唐·约瑟在市立美术馆有一间自己的画室，这是童年时期毕加索常来的地方，后来他回忆说，“这是和其他任何房间一样的普通画室，并不很特别。它显然比家里的房间稍微脏一些，但我爸爸在这里不受干扰。”可见，从一开始毕加索就已经把画室当成了日常生活的一部分，而不是一个特殊的工作场所。可以说，这是后来毕加索能将艺术与生命相融合的一个重要的出发点。

唐·约瑟擅长画鸽子，常常指导毕加索临摹梅赛德广场上的鸽子，鸽子几乎成为毕加索家族审美观中的一种象

《格尔尼卡》

征。许多年之后，毕加索曾对他的朋友萨巴泰斯回忆说："我父亲有一幅展示了成千上万只鸽子在鸽棚上空盘旋的油画。"事实上，今天我们看到的唐·约瑟的那幅鸽子油画中，仅仅有九只鸽子。从这一点上，我们也能看出当时的小毕加索对画家父亲是多么喜欢和崇拜，在他童年的想象中，父亲的画作有多么宏伟和高大。当然，对于恐惧常常如影随形的毕加索而言，父亲是能够给他提供安全感和保护感的重要依靠。我们还知道的是，画鸽子是毕加索美术生涯的第一个车轮，而在这个艺术巨星的童年，带着他奔驰的另外一个轮子，是斗牛。

你必须回到斗牛场上去

斗牛是西班牙的国粹，有着两千多年的历史传统。虽然不断遭受动物保护主义者的抗议，但直到现在它仍旧是风靡西班牙乃至世界的一项体育项目。斗牛士粗犷勇敢，又不失机智优雅，被认为是西班牙民族性格的象征。唐·约瑟的爱好除绘画之外，就和大多数的西班牙人一样，莫过于去看斗牛了。毕加索在很小的时候，就领略到了这项运动的残酷与荣耀。为了带小毕加索去看斗牛，唐·约瑟与玛利亚发生过一场争论。

“他太小，看斗牛会害怕的。”

“不算小了，我五岁就跟父亲去看过。”

“这样会吓到他的，他夜里会做噩梦的。”玛利亚非常担心。

“我的儿子一定能够应付，我知道他非常喜欢那张斗牛的招贴画广告。”

“那我也不同意。”玛利亚很坚决，在有些意见上她并不盲从丈夫。

“玛利亚，第一次看斗牛的时候，我跟我的父亲说，斗牛只是在用一种奇怪的方法屠宰牲口，目的是为餐桌增添牛肉。而我的父亲告诉我：作为一个西班牙人，你在斗牛场上看到的应该是整个仪式，而不是血。听了他的这番话，我明白了斗牛的真正意义，也更加深了我对西班牙文化和精神的理解，我想我们的儿子也需要理解这一点，他是一个男人，他必须是一个男人。”唐·约瑟语气突然变得非常严肃。

玛利亚仿佛重新认识了一次自己的丈夫，他的形象从未如此高大。她走上前去，依偎在丈夫的怀中，低声说：“答应我，如果他脸色发白，立刻带他回家。”

“亲爱的，我会的，你不必担心。”

在小毕加索大约八岁左右，唐·约瑟第一次带他去看斗牛，同行的还有萨尔多瓦叔叔。路上遇到了杂货店老板加利盖，他是一个非常风趣的老头，唐·约瑟是他的老主顾。加利盖看着他们三人往斗牛场的方向去，便大声问候：“哦，大画家毕加索，你们这是要去看斗牛吗？”他说话的时候浓密的胡子也一抖一抖的，仿佛欢笑的眉毛。小毕加索听到加利盖调侃他是大画家，顿时羞红了脸，心想这一定是父亲在外头到处逢人便说的结果。这时萨尔多瓦叔叔站了出来：“哦，亲爱的加利盖，毕加索不仅将成为一个大画家，还会成为著名的美术教授，你等着瞧吧。”加利盖也附和着哈哈大笑：“了不起啊，美术教授。”毕加索并不知道什么是教授，这时，他也无法预知自己未来的美术生涯中对学院派绘画教授方法的反感，他只关心斗牛。他问加利盖：“加利盖爷爷，听说斗牛很可怕，是这样吗？”加利盖佯装皱起眉头，但语气却依旧高昂，“小鬼头，我告诉你，斗牛是最美的，只要你是一个男人，它就一点儿都不可怕。”他还送了毕加索一幅最新的斗牛招贴画广告，画面是公牛的怒气冲冲与斗牛士的风度翩翩两股气场的较量。这种构图令小毕加索发自心底地喜欢。回到家中，他会把这幅画挂在床头，他知道外婆又会发出“哦，我的上帝”这样的阴阳怪气的惊叹之声，但是他已经习惯了，根本不在乎。

《马背上的斗牛士》

三个人在斗牛场的看台上坐好。斗牛尚未开始，现场的气氛已经非常热烈。毕加索坐在唐·约瑟和萨尔多瓦叔叔之间，被他们的雪茄烟圈所包围。萨尔多瓦叔叔警告小毕加索：“如果你害怕，就钻进我的怀里，知道吗?”小毕加索非常不屑：“哼，我才不会害怕呢!”唐·约瑟把毕加索拉到自己的面前，非常严肃地对他说：“毕加索，你要知道，斗牛不仅是一项运动，也是一种仪式，它体现的是我们西班牙的文化精神，你要体会到这一点，而不是表面上的血和屠杀，你明白吗?”年幼的毕加索自然没有办法理解爸爸的教导，但他还是非常坚定地点了点头，他喜欢爸爸这种听不懂却很能鼓励人的教导，而不喜欢萨尔多瓦叔叔那些太过实用主义的说辞。也许，这正是一个画家和医生的职业给他们的世界观带来的区别。

斗牛开始了，小毕加索仿佛从场上金黄色的泥沙散发出的炽热中看到了几许神圣光芒。他目不转睛地盯着场地中公牛的冲刺、白马的跳跃和斗牛士的矫捷英勇。唐·约瑟一边注意着场上的局势，一边密切地留意毕加索的一举一动，毕加索似乎比他想象中更加勇敢，完全不舍得错过眼前的任何一幅场景，他长久以来的好奇心得到了巨大的满足。这一天的经验，充分体现在了他的早期作品中：除了鸽子，斗牛是他童年时期画作的另外一个重要主题。

然而，离开斗牛场时还意犹未尽的小毕加索，当天晚上却做起了噩梦。他梦见一头四分五裂的公牛散落在他的床边，请求自己为它缝合完整，这头公牛眼神平和，楚楚可怜，全然不似斗牛场上那般怒气冲冲，杀气腾腾。小毕加索却手忙脚乱，在梦里把这头牛拼接得乱七八糟。它疼痛的呻吟声，让小毕加索在睡梦中心急地叫喊起来。唐·约瑟和玛利亚赶忙走进小毕加索的房间，小毕加索扑进母亲的怀里，哭着说："我缝不上，我缝不上。"

我们很难知道，小毕加索是因为斗牛的血腥场面而感到恐惧，还是因为在梦中无法完整地将那头牛肢体的碎片拼接到一起而感到忧心忡忡。但梦醒之后，看到床头贴着的斗牛招贴画广告，小毕加索又会热血沸腾，也许他的年龄让他对斗牛场上的暴力感到恐慌，但是在他的骨子里，却有着征服和求胜的欲望，而斗牛就是这种欲望最好的表达和满足。他对自己说："你必须回到斗牛场上去。"于是，当萨尔多瓦叔叔一周后拿着一张十分珍贵的一上市就被抢售一空的斗牛门票逗小毕加索的时候，小毕加索勇敢地接受了这张票。"胆小鬼，你不是不敢看吗？我手里只有这一张票，却被你抢去了。"小毕加索调皮地眨眨眼："亲

观看斗牛的毕加索

《骑马斗牛士》

爱的叔叔，这可是你送给我的，又不是我求你要的。我才不是胆小鬼呢。”

今天，我们仍旧能够看到毕加索童年时期以鸽子和斗牛为主题的作品，在这些绘画中，我们不仅惊叹于一个不到 10 岁孩子的早慧，更能够看出唐·约瑟在思想上和技巧上对毕加索的影响。不过，令毕加索感到兴奋的绘画和看斗牛并不是他童年生活的全部，他将迎来每一个天赋异禀而不愿意受条条框框束缚的孩子都将面临的现实，那就是接受学校教育。

问题少年

三岁时的那场地震让毕加索非常依赖自己的父母，而妹妹劳拉和康姬塔的接连出生，却让他越来越感觉到自己在家中地位的下降，父亲和母亲的很多注意力都被分散给了妹妹们，毕加索感到孤独，甚至有些嫉妒。即使如此，到了入学的年龄，毕加索对上学却有着更加不能自已的恐惧感，他对这种突如其来的变化感到非常不适应。上学这件事情令他感到恐惧、失望和萎靡不振。他与先前那个自信固执而充满灵气的顽童几乎判若两人。每次上学都是家中的女仆粗暴地将他一路拖拽到学校，就像押送一个犯人。他一路走一路哭天喊地，仿佛经历了一场巨大的不白之冤。

后来，实在没有办法，家人只能让他从公立学校退学，把他送到了一家父母的朋友开的私立学校。但毕加索似乎已经认定了“天下乌鸦一般黑”，仍旧不情愿上学，除非他的父亲亲自带着他去。而在路上，他还会千方百计和父亲讨价还价，直至唐·约瑟同意给他留下某件珍贵的东西作为回来接他的保证。小毕加索最喜欢索要父亲的画笔，退而求其次是父亲用作模特的鸽子。所以，班里的同学每天都期待着看毕加索又能带什么新鲜玩意儿来学校。每当他小心翼翼地抱着一只鸽子，或者煞有介事地拄着一根父亲的拐杖来到学校的时候，同学们就哈哈大笑起来。这时毕加索就在心里默默回击：“你们这群笨蛋！”

即使毕加索能够勉为其难来到学校，他也是一个坐不住的人，常常擅自离开教室，跑到厨房去，围着校长的妻子转圈，并夸校长的妻子是个美人儿。这时，校长总会怒气冲冲地把他重新拎回教室。而一坐回教室里，毕加索马上就会感到浑身不自在，课程他是根本听不进去的，作业也无法完成。他连在教室里画几笔速写的心情都没有，只会像一个白痴一样盯着钟表，不断祈祷时钟的指针快点转，口中还念念有词，仿佛在观看一场百米赛跑，引逗得同学们又是一阵哈哈大笑。

终于，唐・约瑟和玛利亚意识到了毕加索厌学问题的严重性。他们下定决心让他离开学校，为他聘请了家庭教师让他在家里学习。但这同样不能从根本上解决毕加索的厌学问题。面对那些基本的学科和数学知识，毕加索根本就无法集中注意力。而这时他的家庭却出现了变故。1891年，就是毕加索 10 岁那年，马拉加市政府为了节省开支，决定撤销市立美术馆馆长一职。这样，唐・约瑟不仅失去了馆长的职位及其收入，连他在馆内的那间小画室也被充作他用。这对于家庭人口不断扩大、支出也日渐增多的毕加索一家来说，着实不是什么好消息。于是，唐・约瑟决定调换工作。这年 4 月，唐・约瑟被任命为拉科鲁尼亚省立美术学院的教授，他们一家也就都迁徙到了这个西班牙西北部的港口城市。在这里，毕加索的厌学问题似乎迎来了转机。

拉科鲁尼亚位于西班牙的西北部，比马拉加要闭塞得多，而且小毕加索一家在那里举目无亲，对一切都感到非常陌生。他们住在美术学院附近的帕约·果梅斯街的一座公寓中，那里正好与小毕加索上学的加达尔学校面对面，而且，唐·约瑟在该校兼任美术教员，这样小毕加索在学校里就受到更多的管束。但江山易改，禀性难移，小毕加索仍旧“不学无术”，他的头脑中思考着与学校同龄孩子截然不同的东西。比如他答不上数学老师的提问，被要求抄写黑板上的数字，他抄得乱七八糟却还振振有词：“这些数字太精妙了，我完全可以用它们拼出一个飞得起来的鸽子!”然后他就兴高采烈地跟老师讲哪个数字像鸽子的嘴，哪个数字可以用来拼成鸽子的翅膀，哪个数字可以让鸽子的爪子更生动。这让老师哭笑不得，只得向唐·约瑟诉苦，而唐·约瑟却并不感到恼怒，他觉得该给儿子找一条更适合他的教育之路了。于是，1892 年，他把小毕加索送进了加尔达美术学校。

在美术学校中，小毕加索既没有放弃自己的野路子，同时也接受了学院派的严格训练，这使得他的创造力有了非常扎实的基本功作为基础。在那里，历史上不同的画派、不同的题材都是小毕加索模仿的对象。他广泛吸取了前代大师作品的营养，又没有丢掉自己的独立性，这些对于一个伟大画家的产生而言，都是至关重要的。而这也可以说是小毕加索在拉科鲁尼亚生活的几年中收获最大的事情。在此期间，他留下了一些关于城市景观、人物肖像等的作品，虽然现在看来略显稚嫩，但却已经处处体现出一个十三四岁孩子的天赋异禀了。

1895 年，家里最小的孩子康姬塔患白喉夭折。小毕加索第一次经历了亲人的死亡。虽然这个妹妹的出生曾经让他感到非常别扭，但她的离去却让毕加索感到悲伤。他甚至以放弃绘画向上帝许愿，希望能够挽救康姬塔的生命。然而，死亡，终究残酷地降临了，这件事让毕加索对妹妹的死亡产生了一种自责情绪，似乎为了成就自己的艺术之路，康姬塔的生命就不得不被剥夺一样。这是个十分奇怪的逻辑，但小毕加索对此却深信不疑。死亡，第一次如此现实地呈现在小毕加索的眼前，倘若人的终结仅此而已，那又何忧何惧呢？他似乎因此逃离了恐惧，但又似乎加重了恐惧。

这一年，唐·约瑟获得了一个调往巴塞罗那美术学院工作的机会，他决定举家搬迁。在离开拉科鲁尼亚前，他帮助小毕加索在当地的一个商场举办了一次画展，还专门在报纸上写了画评。这次画展虽然仅仅被看作是一个父亲为儿子准备的礼物，或者被看作是商场里吸引顾客的景观，其结果也确实不出所料地反响平平，但是，小毕加索敏锐的空间洞察力和对现实主义技法的新颖使用，也给当年的许多参观者留下深刻的印象，他们看到了这个孩子的惊人潜力。从那时开始，可以说，毕加索与恐惧相伴的童年生活就走到了一个尽头。在巴塞罗那，毕加索将开始一段青春期的躁动并打开一个新的视野。

第2章：浪荡巴塞罗那

入门须正，立志须高

唐·约瑟1895年6月先去了一趟巴塞罗那，然后又返回拉科鲁尼亚。他对这座西班牙第二大城市的印象并不好，因为对于唐·约瑟这样的“老脑筋”而言，这里显得过于拥挤和嘈杂。唐·约瑟曾努力申请调任马洛卡，却没有获得成功。离开拉科鲁尼亚，一方面是因为小女儿康姬塔的夭折给家庭带来的巨大的打击，另一方面是因为在拉科鲁尼亚，唐·约瑟始终有一种自我流放之感，正如后来毕加索所回忆的，他说：“那里没有朋友，没有斗牛，什么都没有，能做的只是盯着窗外的雨发呆。”相信这种孤单感也是唐·约瑟同样能够体会到的，因为他和毕加索都需要一个更有艺术氛围的环境，而拉科鲁尼亚似乎缺少了这样的东西。

在奔赴巴塞罗那上任之前，唐·约瑟首先带着全家回了一趟马拉加。也就在这个时间段，唐·约瑟象征性地将自己的画笔和颜料送给了儿子。这仿佛是一种权力的继承，就如同斗牛场上的大师让新手代替自己出场一样。我们可以想象父子间那气氛怪异的对话。唐·约瑟与十四岁的毕加索四目相对，然后他严肃地拿起自己的画笔和颜料，小心翼翼地交到毕加索手中，郑重其事地说："巴勃罗，从今

少年毕加索

天起，这个重担应该由你挑起来了。”而毕加索则是一脸困惑，不明所以。他一定体会不到半生落魄的父亲在艺术之路上的挫败感，那种永远都不曾自我满意、永远都没有得到同行认可的自卑感，那种跃跃欲试却发现年岁不饶人的无奈感。这些唐·约瑟自然不会对儿子明说，而日后青云直上、在艺术史上开疆拓土的大师级画家毕加索也自然难以真正理解一个自命不凡的平庸画家的心路历程。当然，后来的历史证明，唐·约瑟深情赠画笔这一幕的象征意义远远大于现实意义，因为他并没有真正放弃绘画，仍会画一些风景画及装饰画。这一幕的象征性在于一个平庸画家的服老和一个父亲对儿子的殷切期待。

位于普拉多美术馆前的委拉斯凯兹铜像

在从拉科鲁尼亚回马拉加的途中，唐·约瑟带领全家在首都马德里住了几天。马德里最吸引毕加索的莫过于普拉多博物馆。普拉多博物馆是西班牙的国家画廊，是西班牙以及其他国家艺术大师经典作品的收藏地。这次旅行让毕加索第一次领略到了伟大的艺术大师们的艺术。唐·约瑟为他介绍了戈雅、埃尔·格列柯、委拉斯凯兹等著名西班牙画家的生平和作品，其中最令毕加索倾慕的是委拉斯凯兹，毕加索把他作为自己的艺术偶像。此后，委拉斯凯兹对他的影响持续贯穿于毕加索的一生。20 世纪 50 年代末，毕加索修复了委拉斯凯兹创作于 1656 年的代表作《宫娥》，还创作了近六十幅与之相关的油画和素描作品。

委拉斯凯兹《宫娥》

此行让毕加索意识到，在任何艺术领域的学习中，“入门须正，立志须高”都是至理名言。若想在一个领域取得成就，首先必须尊重这个领域历史上最杰出的人物和作品，模仿他们才能超越他们。尽管我们知道毕加索以立体主义的绘画革命在艺术史上获得不朽的地位，他作品的创造性和冲击力极大地颠覆了传统艺术的审美趣味和审美标准，但是归根结底，毕加索只是经历了一次对传统艺术的否定之否定的过程，而非凭空“白手起家”。历史上一切伟大的艺术作品都不是无源之水，无本之木。在对人类经典艺术继承的基础上的创新，可以说是毕加索日后能够取得成功的一个重要原因。

弗朗西斯科·戈雅（1746—1828），西班牙画家，是西方美术史上开拓浪漫主义艺术的先驱。早期喜欢画讽刺宗教和影射政府的漫画，贪婪的修道士、偷盗、抢劫、接生婆，全都被他画成魔鬼的样子。他的画集曾被制成扑克牌。他粗俗但充满真理的画风很受广大观众的喜爱。代表作品有《国王的一家》、《裸体的玛哈》、《宗教裁判所》等。

埃尔·格列柯（1541—1614），西班牙文艺复兴时期著名的幻想风格主义画家。擅长宗教画，为教堂创作了众多的祭坛画。生前声名显赫，但去世之后，他的名声随之衰落，作品也被认为“荒唐、无聊、不值一提”而遭到冷落。19 世纪后期，他独特而充满魅力的绘画风格终于得到了广泛认可。他的作品构图奇特，布局多呈幻想结构，用色大胆新奇，呈现出梦幻般的奇特效果。主要作品有《圣母子与圣马丁》、《托莱多风景》、《脱掉基督的外衣》以及《拉奥孔》等。

委拉斯凯兹（1599—1660），17 世纪巴洛克时期西班牙画家，现实主义绘画的大师。他所处的时代正是资产阶级人文主义兴起的时代，当时的民族文艺极大繁荣。他以画肖像著称，曾两次去意大利考察并精心研究威尼斯画家的作品。他没有强烈的宗教信仰，不借助于想象；他只画自己能看到的东西，在画布上呈现真实可信的形象，加上丰厚的人文主义思想与卓越的写实绘画技巧，他在艺术上取得了高度的现实主义成就。代表作品有《宫娥》、《伊索》等。

短暂的马德里停留之后，毕加索一家又回到了马拉加。在家乡马拉加的这段日子里，毕加索以极大的热情审视着这个已经阔别了五年的家园。他用自己的速写本记录这座城市，一草一木，大海蓝天，尤其是那些曾作为自己绘画启蒙时期模特的鸽子。他热情地用绘画回忆和保存自己的童年时光。这段日子里，毕加索越发明显地意识到，艺术是与生命息息相关的，艺术不单单是一种技艺或者谋生手段，艺术是生命的贮藏和表达，有着非常形而上学的重要性。在十四岁的毕加索心中，已经确信无疑地向往以绘画作为自己的终生职业。这是立志之年。正如孔子所说的“十五而有志于学”，在一个人的青春期，除了有着生理上的变化之外，心理上也是风暴酝酿的阶段。所以，无论家庭教育还是学校教育，对这个年龄段孩子的引导和帮助，都是十分重要的。

野心的发芽

1895 年 9 月，毕加索一家从马拉加去往巴塞罗那。巴塞罗那位于伊比利亚半岛东北部，濒临地中海，是西班牙最重要的贸易、工业和金融基地。

此行也使得毕加索走遍了西班牙整个东海岸的各个港

口，增长了不少见识。在此过程中，他还创作了一系列小幅海景画。此时毕加索正处于眼界初开的时候，对外界事物有着强烈的好奇心，此时以及日后诸多现实社会的阅历，构成了毕加索那些被评论家称为“看不懂”的画作的现实基础。也就是说，艺术并非在画布上的随意涂抹，而是要有现实来作为源代码的。无论是创作的动机，还是创作的原型，对于理解一幅作品来说都是至关重要的，这也是我们解读毕加索作品的关键。

巴塞罗那是西班牙最大的商业港口，在它东北三百多公里的地方就是法国的著名港口马赛。特殊的地理位置使它成为一个重要的旅游城市，外来旅行者带来了异邦的文化、习俗和风尚，这就使得巴塞罗那比西班牙的其他城市要开放得多，而这种开放最明显的体现就是它的艺术风气。我们知道，法国的现代主义浪潮就是从这里登陆西班牙的。当毕加索一家到了巴塞罗那时，他们之前一直接受的现实主义绘画传统正在遭到现代主义观念的强有力的冲击，毕加索感受到了一种前所未有的思潮，但接纳这一切，乃至超越这一切，则尚需时日。

就美术而言，现代主义是20世纪以来具有前卫特色、与传统艺术观念分道扬镳的各种美术流派和思潮，又称现代派。现代主义的源流可以追溯到法国的印象主义。19世纪80年代，法国的后印象主义、新印象主义和象征主义画家们提出的“艺术语言自身的独立价值”、“绘画不作为自然的仆从”、“绘画摆脱对文学、历史的依赖”、“为艺术而艺术”等观念，是现代主义美术体系的理论基础。法国后印象主义画家塞尚因为在作品中追求绘画语言的几何结构和形体美感，被人们称作“现代绘画之父”。

在巴塞罗那，毕加索与父亲一起进入隆哈美术学校，父亲做美术教师，毕加索则经过考试成为该校的学生。在考试中他表现出的艺术水平为校方所激赏，他不仅被破格录取，而且还取得了直接进入高年级学习的资格，这意味着他无须再去学习那些基本的素描技法。在这里，他比其他大多数同学都小得多，但这并不妨碍他与年长自己五岁的帕利亚雷斯建立起终生的友谊。

毕加索自画像

然而，入学的杰出成绩和友谊的慰藉，都无法抵消毕加索对于学院派绘画风格和教育方式的日益反感和抵制。他又“旧病复发”，逃出课堂，把大量时间用于课外的写生之中。这种特立独行已经显示出了毕加索远大的志向，他不满足于闭门造车式的学院派艺术，更无心去做充满市侩气的流行美术，他要表现现实，要反映生活，要让自己的作品中充满“人”与“生活”的光辉力量。

到巴塞罗那不久，唐·约瑟在美术学院和自己居住的梅尔赛街 3 号之间的普拉塔街，为儿子租了一间小小的画室，此时，毕加索仅仅十五岁。这种待遇并不是每一个小画家都能够享有的，但对一个画家的成功而言，这只是一个有利的条件，而不是绝对的条件。在这个画室，毕加索完成了一系列以西班牙天主教为背景的宗教题材的油画，如《初领圣餐》和《科学与仁慈》，它们展示出了毕加索在绘画上杰出的表现力。同时，在这些作品中，他在美术事业上的雄心也是可见一斑的，很难想象一个十五六岁的孩子就能构思、完成这样规模的作品。

当然，这两幅画背后也有家人的大力支持，尤其是他的父亲唐·约瑟和叔叔萨尔多瓦。唐·约瑟甚至在《科学与仁慈》中为毕加索充当模特儿，而萨尔多瓦叔叔则在经

《初领圣餐》

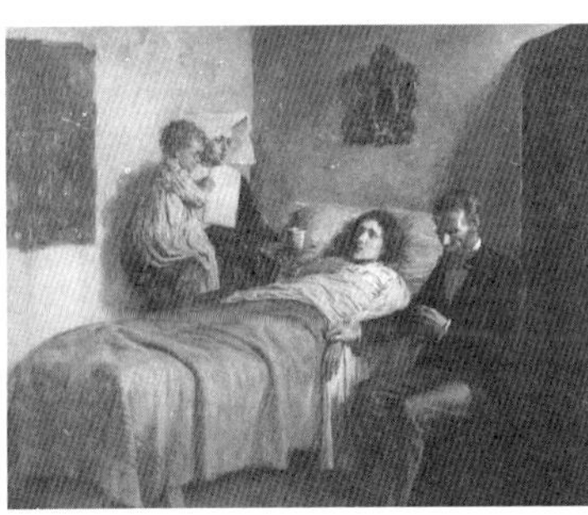

《科学与仁慈》

济上给他非常慷慨的支持。由此，我们能够看出，外在的支持对于我们的成功是十分关键的，任何人都不可能单枪匹马获得丰功伟绩。但是，我们也应该注意到，家人对毕加索的帮助过程，也是在为他设立限制的过程，因为他们会把自己的寄托和想法强加在年轻人的身上。比如，家人非常希望他成为严肃的学院派画家或者宗教画家，因为这是非常可靠和稳定的职业。虽然唐·约瑟非常希望把失落的野心寄托在儿子身上来实现，但是作为父亲，他也不敢贸然鼓励儿子在艺术的道路上去大胆冒险，毕竟自己已尝

《赤脚姑娘》

尽了个中苦头。但他们都没有发现，毕加索在艺术上的志向和野心已经生根发芽，他绝不会安分地做一名美术教授或者宗教画家，他在不断地积攒自己的能量，为将来做出一番大事业准备着。

《科学与仁慈》后来在1897年的国家美术展上获得了荣誉奖。此后，它被送往马拉加，在那里的全市美术展中获得了金质奖章。这使得毕加索成为一个见诸公众的名字，这是他日后声名大振的一个起点。与《科学与仁慈》在同一组选题中的《初领圣餐》，则更早参加了公开展览，展出于1896年4月的巴塞罗那全市美术展，标价为1 500比塞塔。价格并不高，但是重要的是，十五岁的毕加索的作品能够和许多巴塞罗那地区的著名画家的作品同台展示，这在唐·约瑟看来已经是一个不小的荣耀。

黎明前的黑暗

毕加索的初步成功，令全家人都非常兴奋。唐·约瑟打算送儿子到马德里的圣费尔南多美术学院去学习，因为在他看来，那里是唯一能够提供正规学院教育的地方。这件事情萨尔多瓦·布拉索医生是在经济上出了不小的力气的。不出所料，毕加索轻松通过了圣费尔南多美术学院的入学考试，重演了他在巴塞罗那隆哈美术学院入学考试时的大获全胜。但这种胜利并非毕加索期望的胜利，在他看来，只有庸人才靠着学院派出头。在马德里期间，毕加索仍旧“不学无术”，旷课逃学，整天泡在普拉多美术馆。他对两年前父亲带领他看到的大师们的经典作品念念不忘，尤其是委拉斯凯兹的作品。在他看来，委拉斯凯兹才是真正的英雄，而美术学院迂腐的教师们丝毫不能让他服气。

在毕加索看来，真正的艺术是创造，是源于现实而高于现实的形象表达，而非美术学院那套抽象的、固化的、了无生机的乏味重复。毕加索认为他们是把艺术当成了技术，把作为人类心灵的伟大表现的绘画当成了赚钱谋生的技艺。在美术学院，学生每天做的工作就是进行与现实毫无关系的技术训练，他们没有时代敏感，没有社会关怀，没有艺术嗅觉，他们唯一被培养出来的品质就是重复，就是顺从，就是人云亦云。对此，毕加索忍无可忍，他不得不背离家人对他的殷切期望。他厌烦了那些体面而毫无灵气的绅士阶层，对那些被安稳职业捆绑住的普通人更是既愤恨又怜悯。他有自己的追求，这种追求已经喷薄欲出，不可遏制。他在寻求一种冲破束缚和枷锁的方法。

在此过程中，毕加索变得“堕落”了，成了马德里街头的浪荡子。除了三天两头到普拉多博物馆朝圣，剩下的时间，他总是用在与生活做最近距离的接触，并且进行大量的街头写生，这些活动为他后来的艺术能量总爆发积蓄了力量。这一段彷徨时期可以看作是毕加索野心的产物，他已经无法满足西班牙主流美术界那种了无生机的现实，他试图寻求一种超越传统艺术观念的禁锢和技法限制的方法。所以说，马德里时期是毕加索试图挣脱之前他一直接受的刻板而令人窒息的传统绘画艺术教育的过渡期。此时的毕加索虽然郁郁寡欢，但却真正脱离了唐·约瑟的保护和教育，获得了独立的思考空间和创作空间。可以说，这个时期不仅是毕加索在艺术观上准备蜕变的时期，也是其人生观即将独立的时期。毕加索即将踏上一条独自前行的道路，这条道路虽然荆棘丛生，但却精彩异常。自然，这是后话了。

祸兮福之所倚

1898 年一整年的郁闷，使得毕加索似乎在精神上严重缺乏动力。祸不单行，年中的时候，他患上了猩红热。在那个时候，这种疾病是非常严重的，甚至可能危及性命。他一度病得非常严重。到了夏季的时候，他的健康状况才有所好转，此时他接受了在巴塞罗那隆哈美术学院结识的好友帕利亚雷斯的邀请，离开马德里，去往帕利亚雷斯的老家——阿拉贡山区的一个叫作埃布罗花园的小山村进行休养。在这里居住，毕加索得到了极大的放松和自由。他尝试各种农活，乡村的自然景色、淳朴的民风、毫无矫饰的建筑和服饰，都令毕加索感觉脚踏实地，这是艺术最重要的品质——贴近大地，表现真实。当然，我们知道，后来毕加索选择了一种更为革命和激进的手段来展示真实，这只是他的艺术选择，我们千万不能以毕加索的绘画表面上的“不好懂”为理由，就说毕加索是脱离现实的画家，这个评价毕加索是不会接受的，这个评价对于毕加索也是十分不公平的。

在埃布罗花园小山村的这段时间，对毕加索的精神状态是一种巨大的洗涤。从到了令他压抑的圣费尔南多学院至今，毕加索还是第一次回到了以前的积极心态。此后，毕加索曾多次故地重游，也充分说明了这个小山村对他的重要意义。结束这段旅程之后，毕加索回到了巴塞罗那的父母家中。但是现在这个思想坚定、个性自由的年轻画家拒绝按照他父亲的愿望重返隆哈美术学校，他想要寻找的是一条适合自己的艺术家之路。虽然充满担心，但是唐·约瑟表达了对儿子的支持，毕竟，在他的内心深处，还是渴望儿子在艺术上的成功可以弥补自己半生的遗憾的。

“四只猫”酒馆

在重返巴塞罗那生活期间，毕加索频繁光顾一个名叫“四只猫”的巴黎风格小酒馆。

这是一家新开张不久的酒馆，酒馆的主人罗缪先生是位画家兼诗人，而且非常具有梦想家的气质。他开这家酒馆的灵感来自布吕昂在巴黎经营的著名的“黑猫”俱乐部。“四只猫”是加泰罗尼亚地区新锐画家和艺术家的聚集地，与巴黎保持着紧密的联系，非常先锋前卫，与马德里的艺术圈子有着截然不同的氛围。

毕加索在那里非常投入，与志同道合的艺术家痛饮狂歌，畅谈艺术，交流心得。当时，他们最重要的话题就是当时正在风行的现代主义艺术思潮，尤其是后期象征派绘画。在这些艺术家当中，有很多人对毕加索日后的发展起到了极大的帮助作用，比如雕刻家胡里奥·冈萨雷斯后来教会了毕加索创作铁质雕塑的技巧；伊西多尔·诺内利那时已是巴黎小有名气的画家，他后来把毕加索介绍给了巴黎并让他使用自己的画室。这些对于毕加索的艺术视野和艺术前途都是至关重要的。在家靠父母，出门靠朋友，看来，加入到由一些志同道合的朋友组成的“圈子”，对一个人的成长是至关重要的。

令人非常惊讶的事情不是毕加索通过“四只猫”从传统开始走向前卫，而是他居然能够迅速地吸收、划分进而主宰了这一批人。进入“四只猫”不久，他就能够与一些颇具声名的画家平起平坐，且凭借自己的才华和能力征服比他稍长几岁的帕利亚雷斯以及摄影师维达尔。他还成为一群密友包括德索托兄弟、雷文托斯、萨瓦泰斯、卡萨吉

“四只猫”酒馆今貌

玛斯以及胡耶的“领导人”。他们形成了一个以毕加索为中心的小集团。日后在巴黎，很多朋友都追随他或者长期和他保持联系。才华是毕加索凝聚伙伴的重要基础。同时，毕加索也非常懂得如何与朋友相处，他有谦逊的一面，他知道每个人身上都有值得学习的地方。

这时候，我们不应该忽略唐·约瑟和毕加索之间的关系正在日趋复杂。在唐·约瑟看来，儿子既然不能本本分分做一个学院派画家或者宗教画家，那么他也不反对儿子艺术上的进一步追求，这毕竟也是他自己的未竟之志。但他不能容忍毕加索终日与那些他鄙视的所谓现代主义者“鬼混”在一起，他更希望儿子继承自己的现实主义绘画传统。毕加索陷入了矛盾之中，一方面，他绘画的实验性越发明显；另一方面，他仍旧有学院派的作品问世，这种“脚踏两只船”的现象是他内心矛盾的真实反映。

与父亲之间鸿沟加深的同时，毕加索内心对巴黎的向往与日俱增。因为与巴黎相比，巴塞罗那的天地实在不足以令毕加索施展拳脚。而此时，作为印象主义、象征主义美术策源地的巴黎，正是群星璀璨，朝气蓬勃，这些都极大地迎合了一个天才艺术家想要用自己的艺术征服巴黎的野心。就当时的美术而言，征服了巴黎，也就征服了世界。最终，在一番唇舌之后，毕加索终于说服了父母。嘴硬心软的唐·约瑟赞助了毕加索去往巴黎的全部路费。在内心深处，他虽然有顾虑，但是也有暗喜，因为，即使作为一个蹩脚的艺术家，他也懂得巴黎才是艺术家真正的天堂，再好的种子也是需要好土地的。显然，他对自己的儿子充满了信心。

在“四只猫”结识的青年艺术家卡萨吉玛斯非常愿意与毕加索结伴而行，他是毕加索的崇拜者，非常依赖毕加索，二人约好共赴巴黎。但听到这个消息之后，毕加索的其他朋友们却感到吃惊，萨瓦泰斯劝毕加索：“你真的甘愿放弃这里的家人、朋友和画室吗?”毕加索心意已决：“离开这里，我会想念很久。但不去巴黎，我会后悔一辈子。”毕加索毅然决然地踏上旅程，他艺术蜕变的关键时期缓缓降临。从这一点看，走出家门的勇气也成为毕加索成功的一个重要因素。在自己尚未有独立思考的能力之前，多听师长朋友的建议；而当自己已经能够独立完成自己的人生规划之时，所需要的将不再是建议和风凉话，而是迈出脚步实现理想的信念和勇气。要想有一个光明的前途，自然得冲破艰难险阻；要想攀登巅峰，又哪里躲得过陡峭和坎坷呢?

第3章：巴黎的忧郁

巴黎初体验

1900年，巴黎人民仰望新世纪的天空，似乎并没有什么变化；但在地面上，20世纪的变革，已经蓄势待发。这一年，高耸的埃菲尔铁塔和市内新建的火车站都刚刚落成，而举世瞩目的世界博览会也正在塞纳河畔举行。毕加索很可能就是在这次世博会上第一次看到了非洲面具，这对他后来开创立体主义有着重要的启发意义。同样，在这次世博会上，毕加索也近距离观赏到了印象派的展览，马奈、莫奈、雷诺阿、毕沙罗、西斯莱的作品都让他耳目一新。更重要的是，他还看到了后印象派代表画家塞尚和德加的作品，这两位大师的作品后来也成为毕加索立体主义风格的重要来源。当然，毕加索也在世博会上看到了自己的作品，他的《最后的时刻》作为西班牙当代名作被列入展位，这让他欢喜异常，他的野心进一步被刺激起来。

印象派兴起于19世纪60年代，兴盛于七八十年代，反对因循守旧的古典主义和虚构臆造的浪漫主义。19世纪最后30年，印象派成为法国艺术的主流，并影响整个西方画坛。代表画家马奈、雷诺阿和莫奈等都把“光”和“色彩”作为绘画追求的主要目标，他们倡导走出画室，描绘自然景物，以迅速的手法把握瞬间的印象，使画面呈现出新鲜生动的质感。印象派因莫奈的《日出·印象》而得名。

而后印象派则是对印象派的叛逆和突破，他们不满足于对客观事物的再现和对外光与色彩的描绘，而强调抒发画家的自我感觉，表现主观感受和情绪；在造型方面重视形体结构和构成它的线条、色块、体积；强调艺术不等同于生活，即绘画不是科学，要依据画家的主观感觉创作，因此，后印象派画家的表现手法夸张、变形，追求个性化艺术语言。后印象主义的理论和实践导致西方绘画同文艺复兴以来的传统决裂，至此，一种全新的艺术观念出现了，20世纪西方现代派艺术开始萌芽。后印象主义代表人物主要是塞尚、高更、凡·高。

1900 年的埃菲尔铁塔

毕加索与卡萨吉玛斯是 10 月 15 日左右抵达巴黎的。他们先在蒙巴纳斯落脚，后来听说在“四只猫”酒馆认识的朋友伊西多尔·诺内利已经返回巴塞罗那，他们便暂时住进了诺内利在蒙马特尔区加布里埃尔大街 49 号的画室。这里位于塞纳河的北岸，是巴黎的贫民窟之一，建筑破旧而拥挤。三十年前这里曾发生了巴黎公社的党员们与凡尔赛方面派来的镇压军队的殊死战斗。两人就住在画室中，没有床，便席地而卧，条件虽然十分艰苦，但志在征服巴黎美术界的毕加索并不把它放在心上。他只想尽快安定下来，好好吸收一下巴黎现代艺术的营养，然后在这块舞台上一展自己的才华和抱负。

经由诺内利的介绍，三天后，毕加索就结识了一位巴黎女画商贝特尔·维伊，维伊又介绍毕加索认识了更大的画商佩特鲁斯·马尼亚克，这位颇具犹太人长相特征的西班牙商人十分看好毕加索作品的市场前景，于是签约成为毕加索的经纪人，条件是毕加索的作品由他来运作，他每月支付毕加索150法郎。这令初来乍到的毕加索喜出望外，因为对于这位年轻画家而言，目前缺少的不是才华，而是基本的经济保障。

由于诺内利的画室也供人体模特使用，所以，毕加索很快就与一位叫作奥黛特的模特打得火热，而与他同来巴黎的朋友卡萨吉玛斯则钟情于另一位模特热尔梅娜。与奥黛特的交往可以算是毕加索生活中的第一桩恋史，现在巴恩斯基金会仍保存着小幅毕加索当时题为“给我的爱，奥黛特”的画作。实际上，毕加索同时也与卡萨吉玛斯追求的对象热尔梅娜保持着暧昧关系，还夸她是所有女孩子中最美艳、最风骚的一个。只不过当时碍于卡萨吉玛斯，二人的关系并未公开化，但这种暧昧关系却蕴含着巨大的危险。

这里我们先看看毕加索初到巴黎创作的第一幅作品，《嘉莱特磨坊》。这幅作品可以说并不成功，正如卡萨吉玛斯当时评价的，“它完全丧失了个性”。我们可以看出来，在这张几乎没有使用什么明显技巧的作品中，丝毫看不出电灯舞会题材在雷诺阿作品中所强调的欢乐氛围，它与劳

《佩特鲁斯·马尼亚克肖像画》

《蓝屋》

特累克的《红磨坊之舞》倒有几分相似。在《嘉莱特磨坊》的画面中，我们仔细观察会发现，前景中描绘两名女子的笔触特别温柔，左边的那位具有挑逗性的女子，毕加索模仿了德加的手法，用画框切断了画面，使她只有一半的形象见于画面，而这个女子的原型，很可能就是热尔梅娜，而非正与他相伴的奥黛特。

劳特累克（1864—1901），19世纪末活跃在巴黎蒙马特尔的传奇画家。他是贵族后裔，家境富裕，幼年因双腿骨折而造成身体畸形，父母培养他在美术方面的兴趣，送他到巴黎学画。在那里他认识了凡·高和高更，并共同切磋。1884年定居蒙马特尔后，他沉浸在巴黎繁华如梦的生活中，描绘了许多酒馆、夜总会、马戏团以及声色场所的生活场面，有赞美也有嘲讽，反映出他复杂矛盾的心理状态。他受独立沙龙前卫画家朋友的影响，画风脱离印象派保守风格，另辟了一条自己的路，辛辣讽刺、构图大胆。这位多才多艺的画家，最后因酗酒而早逝，年仅37岁，与凡·高同龄。《红磨坊之舞》是他的代表作品。

《嘉莱特磨坊》

劳特累克《红磨坊之舞》

这一枪是给我自己的

毕加索和卡萨吉玛斯在巴黎待了两个月，12 月份的时候，他们决定回巴塞罗那过圣诞节。此时，毕加索正是事业起步壮志未酬的当口，而敏感脆弱的卡萨吉玛斯，却深深陷入了无望而不可抑制的单相思之中。卡萨吉玛斯对毕加索抱怨：“什么是爱情？爱难道不是不顾一切吗？爱难道不是死心塌地吗？”毕加索同情卡萨吉玛斯，不想伤害他，只是说了些天涯何处无芳草之类的套话，而卡萨吉玛斯却穷追不舍：“难道我对热尔梅娜还不够好吗？难道我为她牺牲的还不够多吗？”毕加索忍无可忍，郑重其事地戳穿了卡萨吉玛斯一厢情愿的梦幻：“卡萨吉玛斯，你要知道，爱情是两个人的事情，爱的本质在于相互吸引，相互付出，如果仅是单方的热情，其实是一种强加给对方的十分自私的爱，这与爱的本质恰恰相反。你现在是真的放

《用餐的盲人》

《自画像》

不下热尔梅娜，还是放不下你自己呢？你是真的爱着她，还是只爱你自己呢？”

毕加索的话说得已经很透彻了。正所谓旁观者清，当局者迷，卡萨吉玛斯这种不可救药的病态情绪到了新年之后还在持续膨胀，所以毕加索带他一同回到了自己的家乡马拉加。家人和亲属对毕加索那副新画派的行头和蓬乱的长发表示出极大的不满，对他在巴黎的生活状态也深表怀疑。而令他更加烦躁的是，安达卢西亚的温暖阳光同样没有对他的朋友卡萨吉玛斯的抑郁产生丝毫的缓解作用，他整天缠着毕加索絮絮叨叨，情绪无常，这使得毕加索疲于应付，狼狈不堪。再也无法忍受的毕加索选择动身回到巴塞罗那，而卡萨吉玛斯则继续留在马拉加这个西班牙南部城市颓废了两个月。

当卡萨吉玛斯回到巴黎的时候，毕加索正在马德里为《青年艺术》杂志工作。没有毕加索在身边的卡萨吉玛斯，变本加厉地再次纠缠热尔梅娜。他语无伦次地表达自己如何痛苦，如何悲伤，如同那个自恋的纳喀索斯，只是自顾自地去表达不能获得某样东西的失落感，根本不考虑热尔梅娜的感受。久经风月的热尔梅娜自然不会对这个西班牙小伙子客气，她说了不少十分不留情面的狠话，这些话让卡萨吉玛斯对自己有了一个惊诧的认识：“我连婊子都配不上！”

早春的一个月朗星稀的夜晚，巴黎的青年们聚集在酒馆里，热尔梅娜和奥黛特与其他的朋友们聊着各种话题。奥黛特打趣热尔梅娜说：“今天卡萨吉玛斯没有来吗？”热尔梅娜皱起眉头说：“那位小朋友还是别来为好。”奥黛特说：“这么痴情的小朋友你都不珍惜？”热尔梅娜边佯装扭奥黛特的鼻子边说：“我拿他跟你换毕加索好了。”就在奥黛特要回击的时候，卡萨吉玛斯如同鬼魅一般出现在了大家面前。他明显已经喝得醉醺醺了，从口袋里掏出早就准备好了的左轮手枪。大家慌乱起来。他首先朝热尔梅娜开枪，说：“这一枪是给你的。”然后把枪口对准了自己的太阳穴，说：“这一枪是给我自己的。”所幸的是，第一枪并没有打中热尔梅娜，可第二枪，却终结了他自己年轻的生命。

当毕加索得知卡萨吉玛斯自杀的消息时，一贯遇事镇定的他竟然一时不知所措。啊，卡萨吉玛斯自杀了，他怎么会自杀呢？如果我一直陪在他的身边，是不是这件事就能避免？如果我不跟热尔梅娜耳鬓厮磨，热尔梅娜会不会就接受卡萨吉玛斯的求爱呢？啊，这一切都是因我而起啊，卡萨吉玛斯是我的朋友啊，我竟然这样对不起他？我怎么配当他的朋友？我竟然还口口声声去教育他什么是爱的本质。啊，一个人就这样消失于世界，人生还有什么意义呢？我必须用艺术的方式来释放我内心的情感，它们掺杂了自责、忏悔、虚无，它们紧压着我。是的，要用蓝色，我的心情现在是蓝色。

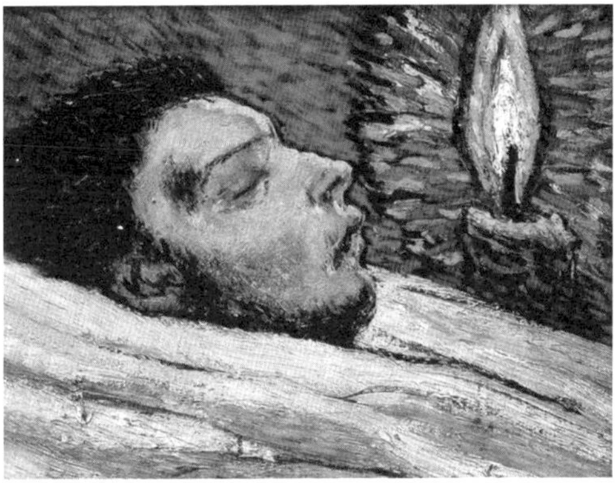

《卡萨吉玛斯之死》

蓝色时期

毕加索绘画的“蓝色时期”在时间上从 1901 年开始，一直持续到 1904 年，这段时期可以说是毕加索绘画生涯成熟期的开始。在蓝色时期中，毕加索开始出现了连贯而持久的风格特点。在这段时期，虽然创作出的作品有着内在的差异性，但总的来说表达的主题和题材都十分近似，而背景的选择也多为忧郁的蓝色，透出一种颓废、伤感和孤独的意味。而在他这一时期的创作中，我们也能清楚地看到卡萨吉玛斯的自杀对他作品风格的直接影响。

毕加索创作了一幅直接描绘卡萨吉玛斯自杀的肖像作品。在这幅作品中，我们可以看见头部有枪伤的卡萨吉玛斯僵硬而委屈的形象。烛光下的死者并不安详，憔悴的侧脸凸显出那个清晰可见的弹孔，烛光背后的斑斓色彩与尸体的阴沉幽暗形成了鲜明的对比，阴阳两隔，冰火不容。

《幽会》

《自画像》

画面不仅传达出了一种死者的幽怨，同时也表现出了毕加索自己内心的不安，这种表现是真诚而毫不掩饰的，因为这些直接与卡萨吉玛斯自杀相关的作品最初都是没有公开发表而由他个人收藏的。所以，今天我们再看到这些作品，就能认识一个更加个人化的毕加索，没有任何掩饰。同时，我们能注意到的另外一个现象是，这幅《卡萨吉玛斯之死》的绘画风格与凡·高有着惊人的相似，毕加索特别采用了凡·高招牌式的浓重的旋涡式的画法。而对凡·高风格的采纳很明显与另外一个事实相关，这个事实就是凡·高和卡萨吉玛斯一样，都是死于自杀，起因也是一种畸形的爱。

凡·高（1853—1890），荷兰后印象派画家。他是表现主义的先驱，并深深影响了20世纪艺术，尤其是野兽派与德国表现主义。凡·高的作品，如《星夜》、《向日葵》、《吃土豆的人》与《有乌鸦的麦田》等，现已跻身于全球最著名、最广为人知与最昂贵的艺术作品行列。1890年7月29日，凡·高在美丽的法国瓦兹河畔结束了其年轻的生命，时年37岁。

在这幅画之后，随着时间的推移，毕加索直接以卡萨吉玛斯为原型的作品越来越少，更多的是采用寓言和象征的手法抒发自己的情感。而这件事也使得毕加索在绘画主题上对忧郁症、自杀、单相思等有着很大的关注。在后来

《卡萨吉玛斯的葬礼》

的《卡萨吉玛斯的葬礼》这样的作品中，毕加索就借鉴了基督教的背景形式，以基督耶稣升天为基本的意象构成画面。在画中，卡萨吉玛斯的躯体被放置在了原来摆放耶稣的位置，这在某种意义上可以认为是毕加索试图从宗教上为卡萨吉玛斯找到安顿，同时也是毕加索对自己心灵的安顿。哪怕只能在一种虚构的绘画作品中给予卡萨吉玛斯一点点荣耀，以忘记他在现实中种种悲惨的命运和遭际，毕加索也能感觉到是对自己的负罪感的一种缓解。

在1903年毕加索的名作《生命》中，卡萨吉玛斯再一次成为这幅画的原型人物，尽管我们知道这幅画的草稿中站在卡萨吉玛斯位置上的正是毕加索自己的形象。而最后的这种形象对换也可以说是颇有深意的，这恰恰意味着两个男人同热尔梅娜扯不清的关系，也反映出毕加索对朋友的愧疚和对自己的忏悔。可以说，《生命》这幅作品，标志着毕加索蓝色时期行将结束，以及在某种意义上，毕加索终于找到了摆脱曾经无法超越的内心苦闷的出路。《生命》并没有像此前那幅《卡萨吉玛斯之死》一样具有现实主义色彩，它充满了寓言色彩，它的主题包括爱、婚姻、创造和死亡。这幅画是以毕加索的画室作为基本背景的。在画面左侧，我们看到一个裸女依偎在主人公的怀里，显然，毕加索在作品中让热尔梅娜终于来到了卡萨吉玛斯的身边。虽然二人的眼神被毕加索表现得非常惶恐，但毕加索宛如艺术中的独裁者，他发出了让二人结合的命令，不管现实中有多少不如意和障碍重重，他们在艺术的画面中都能冰释前嫌；而这幅画中最有趣的部分是，毕加索在画面的右侧安置了一个妇人抱着一个婴儿的形象，这个新生命是与卡萨吉玛斯联系在一起的，至于他被想象为卡萨吉玛斯的孩子，还是得到了爱情之后重生了一次的卡萨吉玛斯的新躯体，都不是最重要的，最重要的是，我们看到毕加索在这幅作品的幽冥色彩中，找到了超越自己心理负担的路径；而这幅作品，我们同样可以看作是对高更那幅著名作品《我们从何处来？我们是谁？我们往何处去?》的回应。对人生意义的追索是艺术必须给予帮助的，艺术本身就是对高更之形而上问题的答案，因为生活给我们带来太多的疑问，艺术就是我们自我超越和自我解脱的重要形式和方法。

高更（1848—1903），法国后印象派画家、雕塑家、陶艺家及版画家，与塞尚、凡·高合称后印象派三杰。高更早期创作带有实验性，但较为拘谨；后期迷恋一些具有异国情调的地方，要求抛弃现代文明以及古典文化的阻碍，回到更简单、更朴素的原始生活方式中去。高更以极大的热情真诚地描绘了土著民族及其生活，作品用线条和强烈的色块组成，具有浓厚的主观色彩和装饰效果。他的艺术对现代绘画影响极大，他被称为象征派的创始人。《雅各与天使搏斗》、《塔希提的年轻姑娘》、《我们从何处来？我们是谁？我们往何处去?》等是他的代表作品。

《生命》

高更《我们从何处来？我们是谁？我们往何处去?》

玫瑰时期

《生命》这幅作品完成不久即以高价卖出，毕加索还得到了“足以与西班牙历史上少数的有着特殊意义的画家并驾齐驱，毫不逊色”这样的崇高评价。他的生活和心态仿佛渐渐拨云见日了。1904 年 4 月 12 日，当毕加索再次启程奔赴巴黎的时候，他已经决定要定居巴黎，不再匆忙地往返于法国和西班牙之间了。此时，他对自己作品的艺术性和市场前景都建立了充分的自信。这个踌躇满志的西班牙人，已经做好了挑战世界的准备。

这次毕加索住进一幢奇怪的建筑，顶楼通往蒙马特尔区山顶的拉维尼昂广场，其他楼层得由二十多米下方的加洛街入口进入。他的朋友马克斯·雅各布替这里取了一个沿用至今的外号——“洗衣船”。直到 1909 年搬到克利希大街一套更为高级的公寓之前，这里就是毕加索在巴黎生

费尔南德·奥利维耶

阿波利奈尔

活和创作的地方。这是毕加索在巴黎的第一个据点，此后那幅标志着立体主义诞生的著名作品《亚维农少女》，就是在这间简陋的公寓里完成的。

“洗衣船”也是毕加索结识费尔南德·奥利维耶的地方。这个比毕加索小六个月的女子深深为他的才华所折服，他们很快就住在了一起。“洗衣船”不仅是毕加索与朋友们相聚的地方，也是他开启巴黎人际关系的地方，在这里他结识了很多新朋友，比如大名鼎鼎的超现实主义诗人阿波利奈尔，比如教给毕加索不少版画技巧的卡纳尔斯，还有被费尔南德评价为“铁腕作风，豆腐心肠”的皮乔特——他后来成了曾经与毕加索关系暧昧的热尔梅娜的丈夫。还有一个不得不提及的人就是马克斯·雅各布，正是在他的帮助之下，毕加索认识了很多法国先锋派艺术家，这些人也渐渐取代了毕加索交际圈里的西班牙人，可以说，毕加索越来越“像”法国人了。

“洗衣船”时期，毕加索作品的风格相比于蓝色时期发生了很大的变化，由于他在1904年蓝色时期结束到1907年立体主义时期开始这段时期的作品，通常都是由一种暖洋洋的、以红色调为主的画面构成，所以艺术史上称他这段创作时期为“玫瑰时期”。总的来说，人们认为这段时期作品的重要性较之蓝色时期有所逊色，但是对毕加索而言，这种艺术上的“退步”却说明一个积极的事实，那就是这两年他的心情是比较愉悦的。他的事业渐渐有了起色，爱情和友情也颇为得意。所以说，艺术家和他的作品之间似乎总是存在着一种奇怪的不平衡关系，生活的得意会让他的作品不那么耀人眼目，而生活的失意却反而使得他的作品生机盎然，这或许就是冥冥中的某种公平。

《站在球上的杂技演员》

虽然说，毕加索来到巴黎之后，他越来越关心的是作品的形式，即绘画语言和绘画手法方面的探索，而没有将他的主题要素或人物形象放在中心位置，但是，在玫瑰时期，我们仍能够发现毕加索的作品对于马戏团和戏剧人物形象有着比较集中的关注，这包括小丑、滑稽演员、杂技演员、猴子以及马戏团中的整体表演场景。如果稍微进行一下深入的思考就会发现，这些看似欢腾和喜庆的人物形象和温暖色彩背后，蓝色时期的那份忧郁仍旧没有散尽，比如1904年完成的《演员》和1905年完成的《拿着烟斗的男孩》中，展现的都是一种忧郁和孤独。从这个角度来说，艺术史上的所谓“蓝色时期”和“玫瑰时期”的划分，只是一种权宜之计，并不能反映出一个艺术家创作的复杂性，也无法完全洞察色彩选择背后所蕴含的丰富情绪。所以说，我们不能简单地以颜色的使用来断定一个画家所传递出来的感情的正负、欣赏美术也是一个由浅及深、由感性到理性的过程。看并不等于看到，欣赏也不等于悟到。

关于《拿着烟斗的男孩》，这里补充一则有趣的信息。我们注意到这幅画中的男孩手持烟斗而眼神迷离，仿若被施以催眠，而在男孩身后，布景色鲜艳明丽，百花竞开，仿若天国。我们似乎并不好解读这幅作品，但费尔南德在

《杂技艺人一家》

《拿着烟斗的男孩》

她的《亲密回忆》中给我们提供了一个理解这幅作品的线索。她说，她刚搬进“洗衣船”与毕加索同居之时，毕加索已经在抽鸦片了，并且叫她也来尝试。由此我们推论，在这幅画中，毕加索要表达的很可能就是吸食鸦片之后那种如痴如醉的顺畅感觉。而他借用了一个身着蓝衣的男孩的形象，与温暖的背景形成了鲜明的对比，我们从中也似乎可以看出毕加索在肉体的快感和精神的虚无之间的矛盾。当然，毕加索并没有在吸食鸦片中沉浸，很快就中断了，这种尝试似乎只是强烈的好奇心使然，毕加索对它并没有根本的需求。

一幅肖像引发的沉思

1905 年的时候，毕加索已经小有名气了，绘画风格的变化也使他吸引了不少画商和顾客对他作品的关注，这其中就包括一对美国的姐弟画商，吉德鲁德·斯坦因和利奥·斯坦因。那时吉德鲁德已经超过30岁，她曾在拉德克利夫女子学院修读心理学，并且在那里结识了心理学大师威廉·詹姆斯。威廉·詹姆斯就是提出心理学上“意识流”现象的第一人，这个观点对后来欧美意识流文学思潮产生了奠基性的影响。当然，提到他，我们还要提及一个重要人物，美国著名小说家亨利·詹姆斯，他正是威廉·詹姆斯的弟弟。

吉德鲁德离开拉德克利夫之后，来到位于巴尔的摩的约翰·霍普金斯大学，主修医学，开始从美国东海岸为上流社会女性预设的局促地位中解放出来。关于吉德鲁德，我们还想介绍的另外一个著名事件就是，她正是美国“迷惘的一代”文学群体的命名人，海明威与她有很密切的联系，而在自己的小说《太阳照常升起》的扉页上，题上了吉德鲁德·斯坦因的著名说法“你们都是迷惘的一代”，从而开启了一个在20世纪有着重要影响力的文学流派。

吉德鲁德与毕加索结识之后，非常赏识毕加索的才华，而毕加索也非常乐意与这位有着非凡见解的成熟女性相处。吉德鲁德有着同性恋的倾向，她身上所体现出来的男性气质也免去了她与毕加索交往中的许多隔阂。如费尔南德所描述的，“她强壮而且有着高贵、线条深刻的五官，她的声音及整个人都很男性化”。总之，在毕加索看来，吉德鲁德不仅仅是自己的画商，她还是自己一个非常值得交往的朋友。毕加索认为吉德鲁德是一个非常特别的人，显然，对于毕加索而言，她更愿意结交的是那些有着鲜明个性的人，而不是平凡的徒有外貌而内涵贫乏的人。1905 年底，毕加索开始为她画一幅肖像画。按照计划，这仅仅是一幅明白易懂的具有写实风格的肖像画，可是这幅画的创作却给毕加索带来不小的麻烦，他迟迟不能对自己的表现感到满意，吉德鲁德不得不花了很多无谓的时间坐在那里。这个工作一直拖到了 1906 年的夏天才算最终完成。

《吉德鲁德·斯坦因肖像》

1906年春天，毕加索暂时放下了这幅让他颇费周章的作品，选择与费尔南德一起去西班牙北部一个小山村戈索尔度假。那是比利牛斯山区的偏僻之地，非常清静宜人，毕加索和费尔南德在那里住了几个月。可以说，这个旅程对于毕加索的绘画生涯来说是个很重要的转折点。一些美术史家们发现，这次旅途比他在巴黎社交生活中的很多事件对他的风格影响都要大。事实上，这次旅行是毕加索对反思传统和进行自我整理的过程，它被认为是毕加索立体主义在心理上的最后酝酿期。而按照一般的见解，立体主义这样的极具创造力的风格应该诞生在城市这样的前卫空间里。而历史的吊诡之处就在于，毕加索恰恰是在一个闭塞落后的甚至有点原始野性的小山村开始他的立体主义思想探险的，这为他回到巴黎之后的立体主义风格创作打下了坚实的基础。

第4章：没有抽象的艺术

戈尔索的沉思

戈尔索之旅像是一次蜜月之旅，因为这次旅行只有毕加索和费尔南德两个人。远离繁华都市重新回到乡土，让毕加索感到身心愉悦，农民般俭朴的生活也让他在巴黎复杂人际关系中积累的紧张感消失一空。毕加索对费尔南德说："在西班牙我感到比在法国更幸福。"费尔南德说："你才不是一个爱国主义者，我看你只是在乡村比在城市更幸福。"毕加索说："我可没忘记我是一个西班牙人，等我老了，没准儿就会在这样一个远离喧嚣的地方隐居。"费尔南德笑了笑，心想："毕加索才不是一个能安于寂寞的人。"

在戈尔索轻松的氛围中，毕加索一方面非常舒展地继续创作出柔和轻快的作品，如她为费尔南德画的肖像《梳妆》，画中雕塑般的费尔南德在一位优雅女仆拿着的镜子面前梳妆，宛若仙女下凡；而另一方面，在戈尔索静谧的环境中，毕加索也在反思自己的艺术瓶颈，他的头脑里掀起了一场整合艺术传统和自己的艺术经验的风暴。为什么在斯坦因的肖像画上遇到如此困难？惟妙惟肖地描绘或者

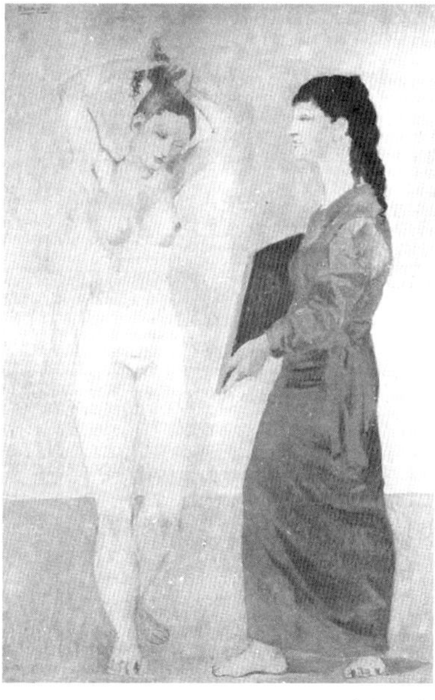

《梳妆》

说所谓传神又有什么意义？艺术究竟应是主观的还是客观的？究竟要把自然和社会中的什么东西带进艺术？在这个时代，我们的艺术又应该用怎样的方式去表现人和世界的风貌？毕加索遭遇了困惑、怀疑和信仰危机。

对于艺术创作而言，思考是一个量变的过程，但不是最终的临门一脚；真正促使艺术创作发生质变的，往往是一瞬间的灵感。当然，灵感是一种可意会而难言传的东西，它就像一颗天外流星，在不经意间砸进我们的头脑，使得我们感觉踏破铁鞋无觅处，得来全不费工夫。毕加索就是在一个自然万物在春之夜偷偷萌发的夜晚，迎来了这个不可思议的时刻，当时他正坐在窗台边吞云吐雾。在深吸长叹的过程中，毕加索的头脑变成了一间精选展室，里边陈列着充满原始主义画风的高更的作品，重组着平面和空间力学的塞尚的作品，还有从卢浮宫搬进来的伊比利亚雕塑。突然，缪斯之神的灵光照进了毕加索的头脑，两个明确的美术方向初步形成：一个就是对原始的粗犷气息的青睐，另外一个就是对构图简洁的追求。

回到巴黎之后，毕加索匆匆完成了搁置许久的斯坦因的素描像，而这一次，是在模特不在场的情况下完成的。他把作品展示给斯坦因的时候，这位十分有男性气质的女人感到十分吃惊，“你竟然不需要模特?”毕加索说：“当我注视你的时候，我再也看不见你了。”这句话可以说是毕加索戈尔索之旅的一个重要领悟：艺术并非纯客观的表达，而是一种对主观印象的客观化表现。所以，对艺术家而言，没有任何先行的条框，他必须大胆创造!

值得注意的是，在《斯坦因肖像》这幅作品中，我们能够明显地注意到毕加索在表现斯坦因的面部时做了刻意的简化，线条干净，造型平整，有非常强的雕塑感，而且整体画面简洁有力，人物的坚毅之感被完全展现出来。后来一个评论家对毕加索说：“这就是你的蒙娜丽莎啊!”毕加索却并不认同：“不，这不是我的蒙娜丽莎，我只是将她画成了一个与世隔绝的面具。”

《亚威农少女》的诞生

1906 年秋天，在完成了曾令他感到异常困难的《斯坦因肖像》之后，毕加索如释重负。在这一时期，毕加索画了许多自画像。在这些自画像当中，他把在戈尔索悟到的这种形式化的简洁创作方法做了更进一步的简化处理，1906年后期的几幅自画像中，几何感已经呈现出来，抽象化的特点也开始显露。比如在这时的一幅半身赤膊自画像中，我们看到人物的脸形是非常平滑的圆弧，脖子则被处理成了圆柱体，阴影布色上非常具有雕塑的质感，而锁骨到胸前的这片裸露空间则像是两块砖头垒在那里。而且在这幅半身像中，胸部和肩部被刻画得很小且非常扁平，显然，这幅画已经具有非常强的形式实验的意味。而在此后不久的《拿着调色板的自画像》中，这种形式更好地与一些传统技法融合，绘画风格简洁明晰而不缺细节，整体感觉立体而不失平整。可以说，此时立体主义的思想和风格已经基本酝酿完成，剩下的就是宣言式的作品问世了。这个时候，毕加索第一幅真正意义上的代表作《亚威农少女》应运而生。

毕加索构思时似乎已经预感到《亚威农少女》将成为艺术史上里程碑式的作品。他为这幅作品做了十分精心细致的准备，先后绘制了十七张草图，修改更是不计其数，不厌其烦。但在问世之初，这幅画的命运却与毕加索的预

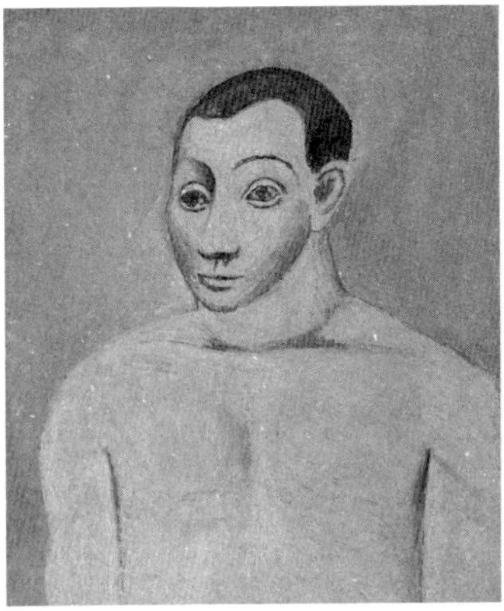

《自画像》

《拿着调色板的自画像》

期相差很大。他的朋友沃拉尔与费内翁表示根本无法理解这幅作品，赠给毕加索的评语竟然是“你十分有画漫画的天赋”。这代表了当时一种很普遍的意见。唯一使毕加索感到欣慰的是，吉德鲁德·斯坦因从开创性角度为他做了辩护：“当某人在创造一样东西时，势必会把它做得很丑恶。为了创造这股张力必须付出的努力和必须做出的搏斗必然会导致某种程度的丑恶。随后模仿的人可以把它变成美丽的东西，因为他们知道自己在干什么，那个东西已经被创造出来了。但那位创造者却不知道自己将造出什么样的东西，因此他所创造的东西必定丑恶。”从吉德鲁德的这个说法中，我们看出了她高瞻远瞩的目光，她指出艺术

《亚威农少女》

的创新在一开始很可能造成受众的不理解，但这却是必然的历史时差，因为它打破了旧有的审美风尚，而代之以全新的美学眼光。对沉迷于旧视野的欣赏者而言创新带来的是痛感，也必然给他们带来丑恶的印象，然而，这并不意味着作品的失败，恰恰意味着作品的超前。历史证明了吉德鲁德判断的正确性。

《亚威农少女》的创作是以巴塞罗那一家妓院为背景的。毕加索最初对这幅作品的设计是要在画面中安排五个妓女形象，另外还有两个男性形象。但最后我们看到的《亚威农少女》删掉了那两个男性形象，这是为什么呢？首先，让我们先回到毕加索的初稿构思，那两个后来被删除的男性形象分别是学生和水兵。以毕加索其他作品作参照，我们发现这两个形象实际上都是毕加索的自画像，实际也是毕加索的自我指涉，二者是担任不同角色的形象。从构图中我们可以这样推测，其中一种代表理智，另一种代表情感，二者扩拉出一种分裂的张力。但作者的这种自我分裂倾向为什么又会在终稿中被抹除呢？原因可能与毕加索对妓女的复杂态度有关。1901 年秋天，他曾在巴黎的圣拉扎尔医院待了几周，近距离观察了在那里接受性病治疗的妓女。我们完全可以想象，这些女子中许多人的衰弱状况，可能使画家强烈体会到肉体的罪孽将带来可怕的惩戒。而时间上溯两年，毕加索曾经在巴塞罗那的一家妓院中住了几周，并在此期间染上了性病。这些都昭示出毕加索本人与妓女之间的关系，这种关系既包含了本能的放纵，又有一个人理性深处的自我检查带来的忏悔。显然，毕加索并不想把自己的这种倾向展现在作品中，他在终稿中对自我分裂形象的抹除实际上就是试图对自己这段与妓女有关系的历史的抹除。

在草图和终稿中，女性形象都是五个。为什么是五个呢？这个构思很可能来自毕加索的身世。我们知道毕加索的童年处在五个女人的包围之中的，她们分别是毕加索的外婆、母亲、两个姨妈和一个女仆。在简陋的“洗衣船”上绘制这幅奇特的作品时，毕加索也许并未意识到为什么画面上要表现五个女人，但或许在他的意识深处，某种萦绕不去的“情结”正左右着他的下意识行为。对一个艺术家来说，理解他的童年经验是理解他作品的重要的方式，时光过去了，但它却保存在艺术家的记忆里。

当然，对于这幅作品，我们今天最关心的显然不是它的形象或者内容，而是它形象背后的思想和形式。那么就让我们来细细品味一下这幅作品，看看毕加索在这幅惊世骇俗的作品中究竟要表达的是什么，又是怎样表达的。

立体主义的基本观念

众所周知，19 世纪末到 20 世纪初是人类历史上的一个大变革和大交替时段，启蒙运动后发展起来的现代性思想在艺术领域中遭到质疑。今天我们称之为审美现代性，它是日益发展的工业资本主义对人的异化的一种反映，同时也是一种反抗，这股思潮就被后人统一概述为现代主义。而毕加索所创立的立体主义，就是现代主义艺术思潮中的重要一支。它非常明确地体现出变化和革新的意识，同时，对人类自身诸如理性与感性、肉体与灵魂等基本问题也有着深入的反思和批判。这可以说是《亚威农少女》的诞生的思想背景。

在艺术史内部，立体主义摒弃了古典主义的模仿论，放弃了自文艺复兴以来的透视画法，使得绘画不再拘泥于一成不变的固定的一点或两点的透视法。毕加索是怎样使得立体结构在平面画布上得到表现的呢？我们知道，按照传统的画法，这是靠光的照射角度和亮度来解决的，而毕加索认为，那只是一种“光的伪饰”，当然，这也正是早先塞尚对前期印象派批评时提出的“过于夸大传统画法”的问题。毕加索更加深刻地理解了塞尚提出的如何创造“真正的自然”、“更永恒的自然”的命题，产生了对结构分解和重新组合的念头，正如他对塞尚作品的评价：“塞尚并没有真正去画苹果，他画的是这些圆形上的空间的重量。”

毕加索当时让世人难以接受的思想是，当一个画家看到了他要画的对象的正面的时候，对象的侧面和背面是否存在？绘画是否应该仅仅表现画家的主观所见而无视对象的客观形态呢？如果我们想要表达对象的这种客观形态，我们应该通过怎样的方式表达呢？在当时的人看来，毕加索这种想法简直就是异想天开，不明就里。而我们现在明白，这些批评者显然没有达到毕加索的哲学高度。任何一种伟大艺术创造的背后都是有哲学的，这种哲学超越于具体的技巧层面，是对世界和人存在的根本问题的思索，这种思索的形而上学性是区分一个艺术家和画匠的根本要素：艺术家是有哲学的，画匠却只有技巧。

立体主义不仅仅是一种绘画风格，更是一种哲学的形式化表达。在《亚威农少女》中，我们能够发现人的形体完全违背透视法原则的奇怪组合，从正面看到的眼睛和从侧面看到的鼻子组合在一起，从后面看到的背部和从正面看到的脸部组合在一起。这并非一种视觉的错误，而是一种视角的哲学，它宣示了世界的立体性与人类视角的单面性的对立，而毕加索的艺术实践正试图调和这种坚硬的对立，使它们获得某种统一。这种统一正是人与世界的统一。由此我们还可以得出另外一个结论：哲学的眼光必然是宏大的眼光，它思考的是人类总体性的大问题，它鄙视专门死钻细节的技巧派。

毕加索的这个哲学观和艺术观看似惊世骇俗，实则在情在理。他曾经经历这样的思考过程："哦，试想一下，让我们闭上双眼，你不可能清晰地回想起哪怕一个再亲密熟悉不过的人，他们不可能清清楚楚的、全部完整地出现在你的脑海里。出现在你脑海里的只可能是他们的一些富有特征的'碎片'和'零件'——他们的某个器官，他们的某件服饰，乃至于他们的某个姿势等等。这些'碎片'部分而非整体在你脑海中闪烁着、晃动着，它们不断变换着方向和角度，同时你又仿佛是在同一时刻组合他们的不同的方向和角度；它们不断变换着时间和空间，你又仿佛是在同一时刻将它们组合在同一个画面中。这种完整的印象在那些古典画家来看一定是荒诞滑稽的，可是，它们不正是更加完整和全面的真实吗？它们不正是真正的客观性所在吗？我们平时对世界完整性的把握，不都是想象性的把握吗？那些进入我们思维空间的‘碎片’和‘零件’，不都是摆脱了各种具体条件而来的吗？既然自然是这样的自然，思维是这样的思维，那么我们的绘画为何不能给予表现呢？我们为什么还要继续局限在过去透视法受限制的角度中呢?”通过毕加索以上的思考，再结合我们的每一个具体生活经验，就会发现，毕加索的立体主义哲学基础思想并非什么海外奇谈，它恰恰就是源自我们日常生活的经验，毕加索发现了它并且勇敢地实践了它，而我们在没有充分思考之前，又有什么理由和资格去批评毕加索的作品“看不懂”呢?

《亚威农少女》1937 年被美国纽约现代艺术博物馆买下，永久珍藏，在当时标志着博物馆收藏现代派艺术的开端，如今也成为它的镇馆之宝。我想，大多数读者只能在图书或是电视等媒介中看到这幅作品，而没有机会看到它的原作，所以，在这里我要特意交代一下这幅作品的尺寸，因为在博物馆看到原作珍品和在报纸图书上看到的缩印版图片的感觉是完全不同的，不仅是观赏环境和观赏心态的问题，最直观的就是画面的大小给观赏者带来的冲击力。《亚维农少女》长243.9厘米，宽233.7厘米，这是毕加索当时创作的最大的一幅作品。诸位读者可以想象一下，站在比自己还要高大的画面面前，画面中充满了原始力量与对未知的恐惧，那种尖锐的不规则的色块拼凑和断裂破碎的穿插处理，那种弥漫在画面中的紧张诡异和令人窒息的气氛，对我们会有多大的现实冲击力。即使你一时无法用头脑去理解这幅画的深刻寓意，我想，你一定可以用心感受到一种与现代人的生存处境息息相关的存在意识。

卢浮宫窃案

我们前面说到了伊比利亚雕塑对于毕加索创立立体主义的重要启发意义。这里值得一提的是，由于他对伊比利亚人的手工艺品的迷恋，他还曾被牵涉进一起卢浮宫的盗窃案中。让我们暂时把视线转到1911年。这一年的8月21日，达·芬奇著名的《蒙娜丽莎》在卢浮宫失窃，引起了全国乃至国际上的强烈关注。8月28日，一个叫作盖里·皮耶雷的比利时青年拿着从卢浮宫偷出来的伊比利亚雕塑来到《巴黎日报》，吹嘘打劫卢浮宫是如此的轻而易举。他的本意只是要卖点新闻赚钱，然而，此举却把阿波利奈尔牵涉了进来。原来，皮耶雷曾短暂做过阿波利奈尔的秘书，而阿波利奈尔的家里就摆放过皮耶雷从卢浮宫偷出来的雕像。阿波利奈尔的好友毕加索经他介绍也在皮耶雷那里购得过两尊伊比利亚雕像。警方由此将皮耶雷认定为偷窃《蒙娜丽莎》的首要嫌疑犯，而皮耶雷拿了报社的钱后早已逃之夭夭。警察抓不到皮耶雷，就顺藤摸瓜逮捕了阿波利奈尔，之后毕加索也因为那两尊伊比利亚雕像被牵扯进来。

便衣警察来“请”的时候毕加索非常恐惧，哆哆嗦嗦甚至都穿不上衣服。而当他在警察局的审讯室遇到阿波利奈尔的时候，昔日的好友脸色苍白，蓬头垢面，衣领的扣子松着，外套和脑袋一样没精打采。毕加索这时满脑子只有尽快离开这个鬼地方的想法，已经顾不得忠诚和友情，面对警察，他只顾为自己洗脱，毫不留情地声称根本不认识阿波利奈尔。阿波利奈尔惊诧而严厉的眼神，毕加索根本不敢面对。毕加索的个人主义或者说骨子里的不讲义气，在这件事中得到了充分的体现。从这里我们也可以看出，人无完人，伟大如毕加索这样的艺术家，在生死关头，仍旧不顾朋友恩义。

《友谊》

后来证明，《蒙娜丽莎》的失窃跟阿波利奈尔和毕加索并无关联，只是虚惊一场。但两人的友谊却受到了极大的损伤。有意思的是，对于毕加索而言，他并不后悔购买了皮耶雷偷窃的伊比利亚雕塑，因为这让他得到了一个非常难得的机会去近距离观摩了他痴迷的艺术品，这对他来说是一笔无法估量的财富。

立体主义二重唱

1907 年下半年，经由阿波利奈尔介绍，毕加索与勃拉克相识。看似不经意的一次友谊传递，却成了美术史上的大事。因为毕加索由《亚威农少女》开创的立体主义风格在当时遭到了同行和批评家的冷落和批评，而勃拉克却是毕加索极少的支持者之一；而且，当勃拉克接受了毕加索的思想之后，他在立体主义的道路上走得比毕加索还要健步如飞，他成了毕加索不同寻常的合作伙伴和精神支持者。

1909 年夏天，毕加索带着费尔南德重游了西班牙的埃布罗花园村。十年之前，他曾在这里修养，与在巴塞罗那隆哈美术学院结识的好友帕利亚雷斯一家度过了一段非常难忘的时光，毕加索此后辗转马德里、巴黎等地，却仍旧对这里念念不忘。这次故地重游被毕加索命名为“朝圣”之旅，在毕加索的美术生涯中，城市对他有着更大的养育意义，但他真正的艺术思想的孵化，却总是在乡村完成的。这个西班牙的美丽乡村再次对毕加索的艺术神经产生了神奇的作用，毕加索仿佛回到了孩童时期，城市的喧嚣、同行的质疑、情人的负累，所有这一切在乡村中都被束之高阁，他感到前所未有的轻松，儿时积淀下来的动辄爆发的恐惧感亦在这时进入了长久的休眠期。

在这次乡村旅行里，毕加索对立体主义进行了更为激进的探索。他描绘了一系列以群山为背景的埃布罗花园村屋顶的壮丽风景，将塞尚的多点透视和几何图形的运用，在群山和大树的描绘中推行到极致。在这几幅作品的创作中，毕加索传递出了立体主义的执拗精神，在设色方面，棕黄和暗绿的结合营造出一种神秘的气息，这可能是因为毕加索是怀着崇拜和感激的心情来表现这里的一草一木的，他对这个小山村有着“神圣”般的感情。倘若说《亚威农

《山上的房子》

《徜徉于大自然中的两人》

少女》是否属于立体主义的开端在艺术史上尚有争议的话，那么在西班牙埃布罗花园村的这些风景作品，则体现出毫无争议的分析立体主义风格。

《埃布罗的工厂》

《费尔南德肖像》

与此同时，与毕加索在立体主义潮流中并肩作战的勃拉克也在巴黎为立体主义进一步发展开拓道路。勃拉克在追随毕加索艺术思想的同时，自己也没有停止对立体主义的深思。就在这时候，塞尚致埃米尔·贝纳尔的信件发表出来，塞尚信中的一句话钻进了勃拉克的大脑：“一切自然物都被还原成圆锥体、圆柱体和圆球体。”这句话可以说是毕加索对塞尚理解的最好脚注，也是立体主义创作精神的重要方面，勃拉克对此心领神会。紧接着他就尝试用火柴盒形状的构图绘制了几幅风景画。当时已经处于先锋地位的野兽派绘画的代表人物马蒂斯看到这些作品后，不无揶揄地说：“这岂不是用小立方体画出来的吗?”这句话虽然被认为是对勃拉克的批评，却也被广为流传，最终成为了“立体主义”这个名称的来源。

《伏拉尔肖像》

从西班牙回到巴黎之后，毕加索和费尔南德搬迁到了克里希大街一套优雅的画室公寓，但“洗衣船”也仍旧得到保留，作为备用画室和杂物储备间。毕加索虽然在艺术探索上标新立异，但在生活的很多方面还是非常念旧的，一方面，“洗衣船”毕竟承载了他在巴黎初期的太多欢乐和悲伤的记忆，他不忍心彻底割舍；另一方面，毕加索也深知对一个艺术家来说灵感有多重要，灵感有现实的来源，也有回忆的来源，这也是他保留“洗衣船”的一个原因。

新居与“洗衣船”相比已判然有别了，它的精美和宽敞让我们看到状态中翻身了28岁的毕加索已经不是那个初来乍到的穷画家了。搬到克里希大街之后，毕加索和勃拉克成了邻居，他们有更多的机会交流自己的想法。但在新居里，毕加索与费尔南德的关系却日渐冷淡下来。

1911年，毕加索与费尔南德的关系走到了尽头。虽然两人并未正式结婚，但也算是“贫贱夫妻”，一起经历过一贫如洗、一文不名的艰苦岁月。毕加索如今日渐腾达，私生活上风流不断，而在同居生活中备受冷落的费尔南德也没有死守妇道，她对另外一个名气甚微的画家产生了兴趣，最终与他私奔。在费尔南德之后，毕加索正式与已经交往了一段日子的伊娃·古埃尔结合在一起，她是与费尔

伊娃·古埃尔

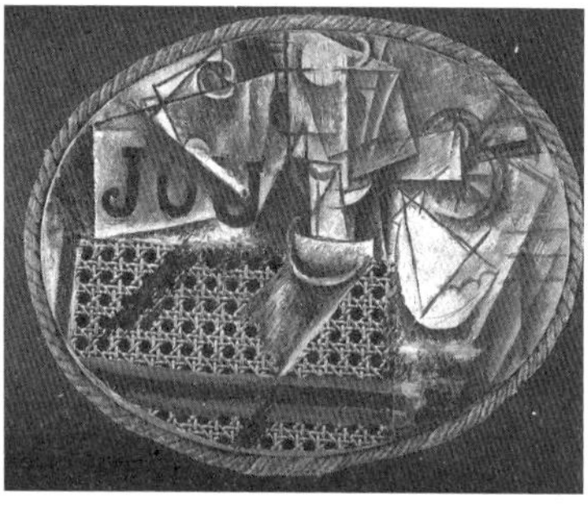

《藤椅上的静物》

南德完全不同类型的女人，虽然在相貌上不及费尔南德漂亮，但是在性格上却非常温柔恬静，这对于毕加索来说有一种不可抗拒的魅力。伊娃给毕加索的生活带来了一种新

《吉他》

《吉他和巴斯啤酒瓶》

的安定，毕加索将更多的时间投入到新的感情和艺术热情之中，与勃拉克的关系也开始疏远。这时候毕加索更加独立行走于立体主义美术的探险之路上，他更多地依靠自己的天才，开始用一系列新材料来发展他的拼贴立体主义，这些新材料就包括了报纸和信件等日常生活用品，而报纸

《少女画像》

和信件同时也因其本身的信息性而丰富着画面的内涵，这在传统美术中是不可思议的。毕加索同时还大胆借鉴勃拉克的发明，即在颜料中加入沙子或者木屑之类的东西，使得最后画出来的作品有一种浮雕的效果。毕加索驾轻就熟地探索着视觉与幻觉之间的关系，这类油画作品也越来越富于装饰

性。这一年，毕加索达到了分析立体主义的最高峰，立体主义进入第二个历史阶段，即按照其基本特点可称为“杂物构成的立体主义”，艺术史上一般称作“综合立体主义”。

没有抽象的艺术

前面我们对毕加索创立的立体主义进行了一个基本的历史把握，下面，我们就从艺术的层面来看看立体主义到底有哪些特点。立体主义大概可以总结为以下三个要点：首先是色调的单一化特征。毕加索的立体主义作品中充满了褐色、赭色和灰色，平面用黑暗的轮廓或颜色接近的渐变区域表现。第二个特征是打破了统一的固定视角，引入了多重的视角，以至于在某个特定的时刻，我们在同一个画面中看到的是相反的画面。当我们注意到与盒子一样空间有关的空间视角结构其实是近 500 年来讲三维空间在二维平面上表现的构建原则时，就能更好地理解立体主义产生的意义了。这一体系不仅构建了幻觉空间，而且如疾射而出的子弹那样建构了单个视点捕捉瞬间的画面。第三个特征是连贯的空间描述的缺省开放了原本被封闭的形状，结果就是空间和形状似乎混为一体，好像视点或物体在不停地移动，我们仿佛置身于好几幅不同的画面之中。形状和空间的缺失也可以联系为在一个更浅的空间构思的图像。这意味着立体的空间可以通过平面绘画来表示，使平面成为一个统一的新元素。

以上特征在某种意义上让人们对立体主义形成了“晦涩难懂”的印象。这里的“难懂”是缘于抽象吗？显然不是，我们在这里要介绍毕加索自己对立体主义艺术的看法，他说：“我的艺术并不抽象，更何况抽象艺术并不存在，并且也不可能存在。你可以消除写实的所有因素，但被消除的对象却可能永久地留下来。艺术永远是真实的再现。”毕加索的艺术观和他的艺术实践矛盾吗？表面上看是这样的，但是从本质上看，这种矛盾并不存在，因为艺术就其本质来说不可能是抽象的，也不可能是空中楼阁的自言自语，毕加索践行的是一种特立独行的艺术表达，这些作品是要诉诸欣赏者的感官的，而不同于数学公式的推演只是思维和思维之间的关系。在毕加索看来，艺术是表达现实的，但却不是你所理解的肤浅的现实表象，而是一种内心深处的激动。懂不懂并不重要，重要的是有所感。毕加索如此为自己辩护："每个人都想了解艺术。为什么不试着去了解鸟的歌唱？为什么人们喜欢夜晚、花朵及一切周遭的事物，却不会想去了解？但如果是一张画，就非得了解不可？人们必须了解，艺术家作画是因为他们非画不可。艺术家不过是世界的一个微小部分，就像许多让我们觉得愉悦，却说不出所以然的事物，不需要特别关注。那些想详尽解释图画的，常牛头不对马嘴。"我想，只有真正理解这句话，才会有一个正确理解毕加索作品的心态。总之，让我们相信，这世上没有抽象的艺术。

由毕加索和勃拉克掀起的立体主义思潮在第一次世界大战前的欧美形成了广泛的影响，抽象主义、表现主义等思潮都与它有着密切的关联。随着毕加索画展在慕尼黑和纽约等地的展开，他的声名日炽。1914 年，他的《杂技艺人一家》以 11 500 法郎的高价卖出，创造了第一次世界大战前毕加索个人美术作品价格的新高。但历史的演变永远不会给予个人长久的安宁，随着第一次世界大战的来临，世界迎来了一场天翻地覆的混乱和变化，毕加索的生活和艺术也受到重大的影响。多事之秋，且让我们来看大时代中的艺术家是如何应对这场变动的。

第 5 章：战争、孤独与疯癫

新古典主义兴趣

1914 年，第一次世界大战爆发。战争使得巴黎的氛围发生了转变，毕加索发现这座先锋都市瞬间脱去华丽的晚礼服，回到了它最初政治首都的面貌。巴黎成了法国战时动员的总部，战争使得爱国主义的热情激荡在每一个角落，一大批法国民众穿上军装走上前线。艺术家本来就是社会中最敏感的群体，他们感受到了大时代的召唤，想在艺术的天地之外有一番作为。毕加索的许多朋友也走上了前线。一直为他的立体主义艺术辩护和鼓吹的阿波利奈尔和他立体主义道路上的亲密战友勃拉克也先后参军，这让毕加索在战争初期感到十分孤寂。作为西班牙人的毕加索可以免服法国兵役，但他却十分渴望加入到这场战争中去。这时，志愿兵役制为他提供了途径，而且在加入了志愿兵的行列之后，他涉嫌偷窃卢浮宫而遭到拘留的污点也得以从档案中抹除了。

现实环境的变化很快就让毕加索的美术创作出现了新变化。尽管他公开发表出来的油画作品仍旧以立体主义风格为主，但他画室中更加隐秘的作品则反映出了他对现实主义的兴趣。这些作品通常被认为是安格尔风格的，因为作品的精巧构图和完美线条很容易让我们联想到这位法国新古典主义美术大师。安格尔是毕加索终生喜爱的画家，他著名的《土耳其浴室》对毕加索的裸体画创作产生了很大影响。有一种解释认为，毕加索此时之所以发生绘画兴趣的偏转，是因为他的立体主义同路人勃拉克参军离去后，由于缺乏必要的呼应和陪伴，他在孤独之中有向传统回归的倾向。正如毕加索的画商朋友康威勒说的，“那些在立体主义岁月做的一切只有通过合作才能做到。寂寞和孤独肯定令毕加索伤心无比。正是在这个时期，他的风格才发生了偏移”。康威勒是德国人，第一次世界大战爆发后逃亡瑞士，成为因为战争而离开毕加索的朋友们中的一个。

安格尔《土耳其浴室》

安格尔（1780—1867），法国画家。自小父亲就培养他对艺术的兴趣，17 岁的安格尔已经是一名很优秀的画家了。他曾深刻地研究了文艺复兴时期意大利古典大师们的作品，尤其推崇拉斐尔。经过达维特和意大利古典传统的教育，安格尔对古典法则的理解更为深刻，当达维特流亡比利时之后，他便成为法国新古典主义的旗手，与浪漫主义相抗衡。作为 19 世纪新古典主义的代表，安格尔并不是生硬地照搬古代大师的样式。他善于把握古典艺术的造型美，把这种古典美融化在自然之中。他从古典美中得到一种简练而单纯的风格，始终以温克尔曼的“高贵的单纯，静穆的伟大”作为自己的美学原则。在具体技巧上，他追求线条干净和造型平整，所以差不多每一幅画都力求做到构图严谨、色彩单纯、形象典雅，这些特点尤其突出地体现在他的一系列表现人体美的绘画作品中，《泉》、《大宫女》、《土耳其浴室》等是他的代表作。

这个时期对现实主义绘画风格的兴趣，导致毕加索在绘画题材上更多地选择了肖像画。这些作品有着明显的安格尔风格特征。今天我们看到的作品中，包括他的一系列自画像和一幅阿波利奈尔身着戎装如同战斗英雄的漫画，这幅画从时间上看应该是阿波利奈尔在1914年入伍之后不久创作的。更有趣的是一幅非常具有仿古主义特色的男子肖像画，一个忧郁的男人留着小胡子，手中拿着烟斗。这个人貌似毕加索的父亲，它会让我们想起毕加索经常说的那句话："我所塑造的所有蓄小胡子的男人都象征着我的父亲。"看来，这段时间的孤立无依，使毕加索想起了童年时期父亲对自己的保护。现实中唯一陪伴在画家身边的是伊娃，但可怜的伊娃于1915年年底因为肺结核而离开了人世。在那个时代，肺结核是一种绝症。眼睁睁地看着心爱的情人离开，这给毕加索的打击是非常巨大的。凄凉的冬天，肃穆的灵车缓缓行进在巴黎城郊的土路上，簌簌飘落的雪花伴随着悲伤难过的送葬的人们，毕加索艰难地在雪地上迈出每一步，忍受着内心如焚似割的痛苦。

伊娃是毕加索所有情人中我们了解最少的。毕加索一直都没有在自己的绘画作品中以明确的形式保留下她的形象，他对他们的关系也始终保持着谨慎的沉默。但这却恰恰反映了伊娃在毕加索心目中的特别。在我们能够猜测到的几种毕加索对伊娃如此深藏于心而不表露于外的原因中，最令人信服的就是毕加索对伊娃的深爱，这种爱不同于占

《耶稣受难像》

《自画像》

有，不同于倾慕，而是真正意义上的两情相悦。有的研究者认为，伊娃可能是毕加索一生中唯一一位完全因为爱而爱的女人。由此可见，伊娃的离世对于毕加索的打击该有多么沉重。

在伊娃死后很长一段时间，毕加索几乎搁置了画笔。为了躲避曾经与伊娃一起的那些记忆重上心头，他把家搬到了蒙特卢杰的郊区，住在一条叫作维克多·雨果大街的地方。这里距离巴黎的市中心更远了一些。住在这里，意味着毕加索离巴黎的主流艺术界又远了一步，这种遥远不仅是地理空间上的，巴黎艺术界已经因为战争变成一盘散沙。此时的一派萧条的景象，再加上许多老朋友的远赴战场，使得毕加索对社交活动变得心灰意冷。

在伊娃逝世后这段时间，毕加索的作品呈现出明显的低沉与无望。这个时期的立体主义作品中流露出一种新的严酷，以硬边大几何形为特征，展现出对毫无情面的命运之残忍的抵抗。这些构图严谨的大型画作不再散发出构成他洛可可特色的儿童般的魅力和热情，但仍旧以所谓的新古典主义安格尔风格为主。到 1917 年，毕加索对这种风格的操练达到了一个顶峰。

罗马假日

在久久无法自拔的悲伤情绪中，毕加索接受了让·克科托的邀请，远赴罗马。

事情是这样的，作曲家埃里克·萨蒂作为中间人，将非常倾慕毕加索的诗人兼导演克科托介绍给毕加索认识，因为克科托有一个大胆的设想，想把立体主义艺术的视觉效果运用到表演艺术中去。他想邀请毕加索去罗马加入克科托和蒙特卡洛俄国芭蕾舞团，为他的新剧《滑稽表演》设计布景和服装。当时正值毕加索的艺术低潮期，他关在画室中的沉郁心情在克科托的口若悬河中得到了很大的舒缓，他欣赏健谈且深通世故的克科托给他带来的乐趣，于是便开始了自己的“罗马假日”。

伴随着 1917 年春天的罗马之行，毕加索的幽默感和创造力都复活了。生活总要继续，人不能总沉浸在记忆和悲伤中，而摆脱它们的最好办法就是彻底换个环境，甚至在一段时间里摆脱过去的人际关系，这对一个人情感和精神的自我恢复是十分有好处的。那幅才华横溢的立体派画作《意大利女人》表达了毕加索在罗马时期的欢乐情绪。而罗马之行给毕加索更大的惊喜在于，作为文艺复兴发源地和欧洲最重要的美术中心之一的意大利，为毕加索提供了观瞻古典美术的重要机会。对于一个艺术家而言，这不啻是一次伟大的朝圣之旅。这些古典作品让毕加索对具象派美术产生进一步的兴趣，这对于立体主义的美术创新来说是一种重要的补充和制衡，因为平衡是伟大艺术作品的重要标志之一，任何极端艺术都只能是试验品，而不可能成为最终的经典，只有那些能够继往开来、兼容并蓄的作品，才能获得永恒的不朽价值。这种平衡感已经在毕加索为《滑稽表演》所作的舞台设计体现出来，这种舞台设计兼容了两种艺术风格：现实主义和立体主义。它们经由毕加索的天才融会，形成了极好的美学效果。

但可惜的是，《滑稽表演》并没有获得市场的成功。这也许就是艺术作品在艺术水准和市场标准的错位之下造成的一个十分吊诡的效果：艺术水准高，往往曲高和寡，不易为市场所接受。而那些更加平庸的常规艺术，却能够

《意大利女人》

《拉开帷幕》

贴近或者迎合最广大的社会群体，使得创作方获得不错的市场收益。

但罗马之行是毕加索个人的一次伟大胜利，借这次演出的机会，那些很少但极具有品位的观众将他捧为国际美术界的一颗明星，并且辗转将他介绍给了具有极大购买潜力的上流社会人士。可以说，这一次罗马之行为毕加索的作品进入国际舞台打下了不错的基础。

《斯特拉文斯基肖像》

在罗马期间，毕加索与整个剧团，从剧务人员到演员都保持着非常融洽的关系，他对这些伙伴的心理和生理特征都产生了极大的兴趣，而这种兴趣反映在他为他们绘制的素描和肖像画里边。这个过程里，他与著名的俄国作曲家伊格·斯特拉文斯基结成的友谊也许是最有意义的。两人可谓是惺惺相惜，英雄爱英雄，毕加索为斯特拉文斯基音乐的崇高宏伟而动容，而那位生气勃勃奇丑无比的俄国人则对毕加索的美术才华赞不绝口。毕加索还给斯特拉文斯基画了不少速写，看来这是两人交流的一项常规工作，他们当时很可能是相对而坐谈论艺术，有时会有激烈的辩论。毕加索手持画笔，记录下这位音乐家的形色样貌。

爱情进入坟墓

毕加索的才华和风流使得他不可能长久单身。同往常一样，在芭蕾舞剧团，他又找到了一个新情人——欧嘉·柯克洛娃。她是一个俄国军队上尉的女儿，比毕加索整整小了十岁。在剧团里，她不太惹人注目。与对伊娃的间接隐秘的描绘相比，毕加索对欧嘉的描绘则是非常直接和具体的，他突出了欧嘉的各种状态和发型。情人眼里出西施，毕加索对欧嘉的描绘与欧嘉当时的照片显然有着一定的距离，画家赋予他的情人一种照相机捕捉不到的美感。或许，我们可以这样解释，绘画艺术较之于机械摄影，能够捕捉到更丰富的人物美感，它可以将人身上的更多精神性特质带入画面，而摄影的机械复制性则要占更大的部分，它展现的是一个刻板的真实，而非有血有肉、更为立体和丰富的真实。从这一点上看，我们似乎可以回答那个老问题，摄影术的发明是否将取代绘画艺术？答案显然是否定的，因为摄影术的机械复制性永远都无法替代人的有机性和精神性。今天我们看到，随着技术的进步，摄影的功能已经不仅仅是记录，人们将它发展成为一种艺术门类。但摄影艺术可能会被赋予自己的美感特质，但却绝不可能取代绘画艺术。

在《滑稽表演》首演之后，毕加索随同剧团来到巴塞罗那。当其他人奔赴下一个城市的时候，他和欧嘉留了下来，一起回家看望了母亲和妹妹，他们已经有好几年没有见过面了。毕加索把自己的那幅《围着披巾的欧嘉》送给母亲作为礼物。而母亲则把一句在我们今天看来颇为吃惊

欧嘉·柯克洛娃

《欧嘉肖像》

的警告送给了欧嘉，她说："巴勃罗绝不会使你或者任何其他女人幸福，他只对他自己有利，不对任何人有利。"热恋中的欧嘉并没有把婆婆的话记在心中。然而事实证明，她与毕加索即将走入一段互相折磨的婚姻之旅。那年秋天，毕加索带着欧嘉回到巴黎蒙特卢杰的家，他们在那里一直住到 1918 年 7 月 12 日两人结婚为止。两幅以欧嘉为原型的小裸体画是这个阶段的纪念。这两幅画似乎已经反映出毕加索对被欧嘉严格控制的家庭生活的一丝恼怒，其中一幅画家在蒙特卢杰的杂乱房间的鸟瞰素描十分形象地描述了毕加索生活的新变化：自己和欧嘉一本正经地坐在一张大餐桌的两头，一位蓬头垢面的女仆正在伺候他们吃午饭。我们可以看出，贵族出身对生活细节十分讲究的欧嘉，已经开始给她的情人先前没有规律、不拘礼节的生活方式强加上了一种不协调。

毕加索与欧嘉回到巴黎之后不久，俄国爆发了十月革命。作为一个旧军官的女儿，欧嘉回到祖国的道路被堵死了。她感到一种前所未有的漂泊感，希望用婚姻使自己获得一种稳定的生活。她对毕加索表达了这样的意愿。毕加索虽然并不愿意让婚姻束缚自己的自由，而且，在与欧嘉同居的这段时间里，他已经感受到，这样一个对生活极其细致讲究的俄国贵族后代给自己生活的固有节奏带来的破坏，但是，毕加索却动了娶欧嘉的心思，这源自这个艺术家脆弱的自尊心。我们知道，欧嘉·柯克洛娃是俄国贵族，尽管不是很高的阶层，但相对于毕加索草根的出身，已然是上流。毕加索认为欧嘉的血统能给他带来某种自己难以预想的社会地位，并将他带入一个始终不能进入的上流社会的时髦世界，这一点对毕加索有着巨大的吸引力。1918年7月12日，两人步入婚姻的殿堂，这是毕加索的第一次婚姻，也是一次注定失败的婚姻。而第一次世界大战，也刚好在这一年硝烟散尽。

死亡和出生敲的是一口钟

毕加索与欧嘉婚后不久，就搬回了巴黎市中心一条叫作鲍埃蒂耶街的时髦而繁华的街道。

毕加索搬来的同一时期，画商们在战后也纷纷回到了这里。保罗·居罗姆就是其中一员，他到达的当年就为马蒂斯和毕加索在圣霍诺勒自己的画廊中举办了一次联合画展。公众满怀对毕加索这位以立体主义闻名的画家的期待，到达画廊看到的却多是有着强烈的现实主义倾向的画作，以至于为画展的目录写序的阿波利奈尔不得不用道歉的口吻说："他改变了方向，回到了他原来的道路上。"显然，当毕加索从立体主义的激进探索向新古典主义风格进行回归的时候，他曾经的知音阿波利奈尔的思想并没有跟上趟。

在经历了立体主义的风浪搏击之后，回归的现实主义不再是按照古典风格理解的现实主义了，而是一种否定之否定的现实主义。举一个例子来说，一个从来没有经历过恋爱的单身汉与一个千帆过尽的单身汉虽然都是单身汉，但他们对恋爱的认识是绝不相同的。毕加索个人风格的演化也是同样的道理，我们可以用任何旧有的风格流派来给他的作品进行命名，但是，任何过去的风格流派的概念都无法概括毕加索的艺术实践。我们还需要注意的是，一个画家创作风格的演变是社会历史和个人经历合力的结果，你没有任何理由说一个艺术家只可以或者只能够创作一种类型的艺术作品。这是我们理解毕加索时尤其应该注意的。

阿波利奈尔本来就因为战争中头部的重创而身体虚弱，

1918 年秋天，他又感染上了流行性感冒，结果一病不起，几年之后就离开了人世。当得知这个消息的时候，毕加索正在浴室里刮胡子，我们可以想象镜子中那张脸的惊慌失措。毕加索的内心深处，始终觉得有愧于阿波利奈尔，虽然卢浮宫偷窃事件之后二人表面上仍旧维持着友谊，但是，这种友谊显然已经不是最初的模样了，这种友谊已经非常脆弱，就像毕加索晚年的很多绘画一样，空有表面的装饰性，而没有了内容的实在性。现在，阿波利奈尔离开了人世，毕加索这才发现这个诗人对他来说有多重要，他对自己不仅有事业上的理解和帮助，还有精神上的支持。许多年之后，当毕加索进入弥留之际的时候，他口中念叨的也是这个朋友的名字，但那时我们已经无法知道，这临终前的呼唤，是一种出于愧疚而悲情的忏悔，还是一种出于寂寞而对友谊的渴望。

令毕加索失望和悲凉的不仅仅是朋友的离世，还有他非常不自在的家庭生活。欧嘉将他带入一种彻底改变他以前没有规律、悠闲自在的方式的生活。她表现出了一个极端守旧、爱慕虚荣的女人的惯有模式，坚持毕加索和他们的家庭生活应该时髦有序。在 1918 年到 1920 年期间，毕加索的艺术源泉似乎已经接近干涸，他描绘出的一大批新古典主义的裸体画，在标准的人体比例和钳形构图中，表现出了一种类似意大利风格主义的绘画的痕迹。但这些作品显得都非常平庸。

风格主义一词源于意大利文 Maniera，也被译为样式主义和矫饰主义，它反对理性对绘画的指导作用，强调艺术家的内心体验与个人表现。风格主义的作品绘画精细，表面效果华丽，多戏剧性场面，用不对称和动荡取代拉斐尔式的统一风格。从历史角度来看，风格主义一词常被用以形容在文艺复兴晚期（1550—1580）出现的一种潮流，这个潮流在当时借由瘦长的形式、夸大的风格、不平衡的姿势来描绘人类和动物，以此产生戏剧化和强有力的影像。甚至连米开朗基罗也曾被称为风格主义者——他晚期作品中的马匹和人类的外形的确近乎失去平衡的样子。在当时意大利混乱的局势下，风格主义成为一种以鼓舞人心和虔诚为目标的艺术流派。

《婚礼》

《德雅尼拉被劫图》

1920 年的夏天，欧嘉的怀孕终止了毕加索那种了无生气的美术实践。一种即将成为父亲的朦胧的兴奋感，似乎重新激活了毕加索的艺术灵性。比如生气勃勃的《德雅尼拉被劫图》就是这一阶段颇具代表性的作品。随着欧嘉的肚子的增大，毕加索画面中的女战士变得多起来，且越来越笨重，他刻意用僵硬的线条和色块来追求人物的体积感，强烈的明暗对比也使得画面传递出雕塑般的质感，一种超现实主义的氛围跃然纸上。她们有时候身体庞大笨如恐龙，仿佛一声咳嗽就能引得她们冲向观众。这些画面寓含了某种深深的不安，这种不安正是毕加索在欧嘉怀孕期间的精神状态，一方面是由于欧嘉的抑郁症倾向，另一方面则是对新生命诞生的一种夹杂着期待的恐惧感。在艺术中大胆而苛求变化的毕加索，在生活中却是一个软弱而守旧的人，他对已经适应了的生活总有一种惯性，这种惯性加深了他对即将到来的变化的恐惧。

绘画风格的嬗变

世间唯有生命的力量不可阻遏。毕加索迎来了自己的第一个孩子——保罗。在保罗出生后的头几个月里，毕加索的一系列素描都表现着母爱的主题。但是，不久之后，主题发生了一种大反转，作品中的女性变得冷淡而沉默寡言，画家自身似乎与画中人已经脱离了某种亲密的关系，这似乎是毕加索和欧嘉关系恶化的一种暗示。

保罗出生后那个夏天，一家人在风景如画的枫丹白露度过。在此期间，欧嘉的社交虚荣心变本加厉，坚持要求扩充仆人队伍。毕加索则创作了几幅重要的作品，其中包括立体主义的集大成式作品——《三个乐师》。这幅作品集中了毕加索一贯采用的立体主义技巧：在一个平面上同时呈现出多种视觉角度；人物形象的身体交错在一起，仿若剪纸；综合运用夸张、扭曲、错位等手法，也不排除将音

《母与子》

《三个乐师》

符这样的抽象因素用乐谱直接呈现在直观画面中，给人亦真亦幻的视听空间的想象；冷色和暖色的剧烈反差使得这幅作品让你不那么“舒服”，但这种“不舒服”却能够唤醒你某种似曾相识的人生体验。随着欧嘉的精神状态的进一步恶化，我们可以想象这幅作品的“音响效果”一定是非常郁结和紧张的。

《情人》

到 1922 年的下半年，毕加索的美术风格发生了另外一种变化：从先前的郁结和紧张走向了一种宁静和放松。从这个时期的作品中，我们能感受到文艺复兴时期那种清秀温暖的画面，而不再是古希腊雕塑般刚健有力的风格。这种变化主要体现于他描绘的女性形象，这些女性形象不再被展示为怪诞的身材、重量和构形的不匀称，却令人想到青年提香画面上雍容典雅的美人。她们不再被表现得呆滞和愚蠢，眼神开始投射出智慧和温柔的光芒。也就是说，毕加索描绘女性的笔锋不再是嘲弄和讥讽，而多了许多善意和温情。这些作品相比于他的立体主义作品，在当时得到了更多大众的喜爱，可以说，在毕加索曾经创作的作品中，没有哪一幅作品的印数能够超过《白装女人》、《情人》以及保罗的肖像画。

提香·韦切利奥（1490—1576）是意大利文艺复兴后期威尼斯画派的代表画家，被誉为西方油画之父。早期作品受拉斐尔和米开朗基罗影响很深，他的作品比起文艺复兴鼎盛时期画家的作品，更重视色彩的运用，对后来的画家如鲁本斯和普桑都有很大的影响。《乌比诺的维纳斯》、《圣母升天》、《神圣与世俗之爱》、《爱神节》等是他的代表作品。

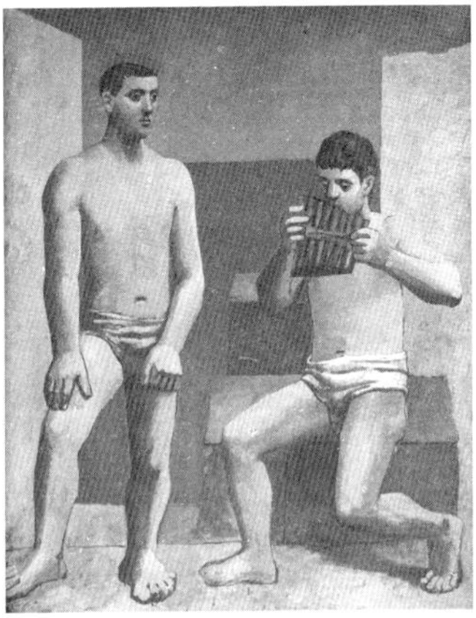

《潘神箫》

《海边奔跑的两个女人》

而此时他笔下的男性形象则非常俊朗。1923 年著名的作品《潘神箫》就是此间轻松愉悦风格的一个顶峰，它描绘了两个雕塑般的男青年站在海岸之前的石阶之上，其中一个小伙子箫声袅袅，另外一个则凝视远方，若有所思。这是一幅希腊感很强的作品，但却有着极其轻快的整体感。从这个时期毕加索风格的变化中，我们大抵可以猜测，是新生儿成长的力量给他带来了鼓舞。两岁的保罗正值非常可爱和讨人喜欢的成长期，牙牙学语，步态可人，毕加索再个人主义、再特立独行，也难抵孩子生命力量的感召。我们也可以大概推断，这时候他和欧嘉的紧张关系有所缓和，家庭生活相对处于一个短暂的和谐阶段。

时光荏苒，虽然也有间歇的动荡发生在家庭生活中，但总的来说这几年还算安稳。到了 1925 年，我们发现毕加索的立体主义发展到了一个狂乱、冷酷和恣肆的时刻。这一年，他在蒙特卡洛与先前合作过的俄罗斯芭蕾舞团的老团长和演员相聚。不知是这次叙旧勾起了他的罗马回忆，还是出于对伊娃抑或是欧嘉的复杂情感，他突然创作了《三个舞蹈者》这样令人生畏的作品。画面中，三个舞蹈者扁平如纸，他们的四肢、胸部、眼睛等器官全都摆得乱七八糟，面部表情或狰狞、或呆滞、或不屑一顾。他们肆

《三个舞蹈者》

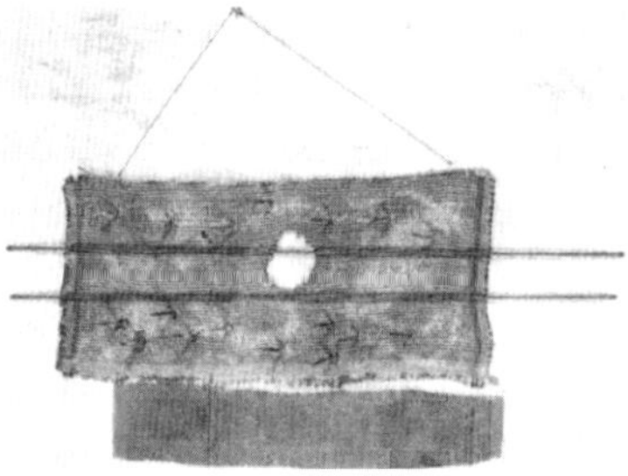

《吉他》

无忌惮地疯狂跳跃着，仿佛性高潮一般扭曲着，又好似地狱般折磨人的酷刑加身。毕加索一直将这幅作品私人收藏，也许是出于一种自我鞭挞或者忏悔。我们很难确切地知道他内心究竟领悟到了什么东西，或者是在回忆的角落里发现了什么令人遗憾的错过或占有。

1926年，毕加索的创作风格再次发生变化，这次的变化在思想上和技巧上都有所反映。且看他在这一年5月创作的《吉他》。这是一块用钉子钉住的黄麻布袋，钉子取代了画家原来有意使用的锋利的剃须刀片，使用刀片是出于任何人想拿走作品都会被割破手指的构想。在某种程度上，这可能受到了当时非常流行的超现实主义的影响。毕加索曾经一度与超现实主义的创始人安德烈·布勒东过从甚密，还为布勒东创作过一幅肖像铜版画。超现实主义诗人路易·阿拉贡和保尔·艾吕雅也是毕加索的亲密朋友。虽然受到超现实主义的影响，但毕加索本人并不是超现实主义的画家，他有自己的阵地，其他的艺术思想和技巧，都必须划归自己的地盘消化吸收之后，才能出现在签有毕加索名字的画布上，谁都无法从思想上带着毕加索走。对任何一个人来说，建立自己的根基都是非常重要的，只有这样你才不会人云亦云，随风摆动；只有这样你的创造力和应变力才能得到最好的展示。

超现实主义是从法国开始的文学艺术流派，源于达达主义，并且对视觉艺术产生了深远影响。它于1920年至1930年盛行于欧洲文学及艺术界。超现实主义文艺思潮的出现，反映了第一次世界大战后欧洲资产阶级青年一代对现实的恐惧心理和狂乱不安的精神状态。它的主要特征是以所谓“超现实”、“超理智”的梦境、幻觉等作为艺术创作的源泉，认为只有这种超越现实的“无意识”世界才能摆脱一切束缚，最真实地显示客观事实的真面目。超现实主义对传统的艺术观念具有巨大的颠覆性。

当然，此时毕加索艺术上的转变归根结底还是与家庭生活的变化息息相关的。从1924年开始，欧嘉的精神健康急剧恶化。了解欧嘉的朋友曾透露，此时欧嘉已经患有慢性精神病，行为开始失常。我们无法确切知道毕加索是否要为欧嘉的问题负责，但曾有研究者认为毕加索是一个“毁灭者”。总之，1924年到1930年，我们可以把毕加索的作品看作欧嘉病情的晴雨表。种种魔女的形象接二连三出现在毕加索的作品中，这些形象同时也反映出了毕加

《人像》

《坐在扶手椅里的女人》

索自己不可遏止的焦虑感。

这一系列精神变态者的肖像画中，最敏锐的一幅是《坐在扶手椅里的女人》。这幅画展现了一个极其孤独可怜却露齿怪笑的人物形象。她畸形的身躯和拉长的肢体展示出一种妄想和无助。画面上黄色和黑色的强烈对比，带出一种绝望的视觉感受，仿佛一具叫天天不应、叫地地不灵的行尸走肉在眼睁睁看着自己痛苦地腐烂掉。这是对欧嘉精神状态的一个暗示，既充满了毕加索作为丈夫的同情，也展示出一种难以忍受的厌恶感。

生活中，欧嘉整天大呼小叫，无休无止地重复一个单纯的念头，直至毕加索满足她的要求为止。有时候她甚至一路追赶毕加索，骂出非常难听的词汇和句子，如同在骂一个路人。他们相互的生活已成为彼此的地狱。毕加索的创作因此受到巨大的影响。20 年代末期，毕加索经常创作的一个画面是一个丑八怪女人在挣扎着开一间简易浴室的门，而她总有钥匙。这似乎就是欧嘉重复而古怪的行为的隐喻。这幅画面在某种程度上对女性的亵渎当时就引起了舆论的哗然；而将女性在画面中表现得如此不堪，也可以说是毕加索在老年产生“厌女症”的一种前兆。

《开更衣室门的女人》

第 6 章：你的名字叫作风流

温顺的小羔羊

就在毕加索被欧嘉折磨得焦头烂额时，一个新情人走进了毕加索的生活。当然，我们也完全可以说是毕加索把欧嘉折磨得焦头烂额，因为从多方面来看，毕加索显然并非一个好丈夫。一个人的才华过盛，往往会使他过分地自我，对与他亲近的人就总是榨取多于付出。而毕加索比这走得更远，他的风流成性使得他的头脑里根本就没有对爱情和伴侣忠贞的概念。用今天的话说，他是个负心汉加虐待狂。

毕加索的这位新情人叫作玛丽·泰蕾丝·瓦尔特。其实早在 1927 年她就与毕加索相遇了。那时候玛丽·泰蕾丝是一个十七岁的天真少女，单纯无知，天真无邪。毕加索在地铁站的人群中无可救药地被她捕获。泰蕾丝有着希腊雕塑般的样貌，她肤色白皙，姿态妖娆，风度高贵，仿佛是从古希腊奥林匹斯山上走下来的文艺女神，简直就是一个完美的模特！毕加索采用了自己与少女搭讪的经典方式，首先恭维一番对方的美色，然后温情脉脉地说："我是画家毕加索，可以荣幸地为您画一张肖像吗?"玛丽·泰蕾丝还很羞涩："我可以吗?"毕加索喜笑颜开："您可以，您当然可以。"

玛丽·泰蕾丝

毕加索与泰蕾丝的这次相逢也让我们想起了爱德华·马奈与维克托丽娜·缪朗的初次相逢，只不过维克托丽娜是马奈在大街上的人流中发现的完美主角。马奈是毕加索一生都非常欣赏的画家。青年时代，毕加索就对马奈的作品《奥林匹亚》进行过模仿，《奥林匹亚》的主角正是维克托丽娜；而在晚年，毕加索对马奈《草地上的午餐》又进行了不下200次的模仿，这幅作品中，主角仍旧是维克托丽娜。毕加索如此唐突地搭讪泰蕾丝，或许就是以马奈为楷模的一次自我实践。而事实上，玛丽·泰蕾丝之于毕加索，正如维克托丽娜之于马奈，她们在这两个艺术家男人的心中，都代表着一种内在理想的现实化。毕加索第一次与泰蕾丝萍水相逢便已有似曾相识之感，因为，他已经无数次将这个理想的形象涉于笔端。人群中的泰蕾丝，其实是从毕加索画布上走出的泰蕾丝，她代表着毕加索在漫长的一生中一次又一次回味无穷的古典梦幻曲。

起初，毕加索显得非常从容，仅仅是把泰蕾丝当作一个普通的模特，就像以前他所雇用的模特一样。然而，他的内心却是情思涌动。从1927年到1931年毕加索的作品中，我们都能发现一条希腊侧身像特征的主线，但毕加索似乎在有意回避正面地描绘和表现泰蕾丝。这似乎意味着

《耶稣受难》

《海边的人形》

毕加索还没有打算结束自己与欧嘉的婚姻。但1930年以后，毕加索的作品中开始出现对比欧嘉和玛丽·泰蕾丝的画面。例如，《画室》中展示了一个野兽般撕咬的头将要进入装着一个古典侧像的画框。这似乎暗示出，作为毕加索相依为命的美术，它的边界正在被欧嘉不断侵犯，而画中画的主角似乎就是他的新欢玛丽·泰蕾丝。如此看来，毕加索似乎已经意识到，自己无论从艺术创作还是感情生活来说，都有必要与欧嘉来一个了结，他们的婚姻走到了破裂的边缘。

泰蕾丝被毕加索调教得服服帖帖，甚至对他言听计从，这包括他们在床笫之间的冒险。偷情本身的成就感并不能让毕加索感到满足，他渴望各种各样的新花样儿。艺术研究者莉迪亚·贾思曼在泰蕾丝晚年与她聊天的时候得知，“玛丽·泰蕾丝的很多生动持久的回忆，就是关于毕加索进行性受虐游戏的细节。她回忆起他们初次云雨的情形，毕加索‘要求’她配合自己的种种奇妙的要求，她那时候真是太天真了，他的这些要求让她笑了起来”。“巴勃罗不许我笑，他总是对我说：认真点！”在性生活上进行反常规的实验，对毕加索而言却是一桩认真的事情。他不仅仅是为了满足自己的欲望，也是为了满足自己打破文化禁忌的快感。这就是被法国作家乔治·巴塔耶拔高了的色情艺术的目标。

《海滨人像》

巴塔耶对毕加索体验的这一套性欲、违禁和超然之间的关系很感兴趣。他说："施暴快感充斥着色情艺术的每个领域。基本上，色情艺术的领域就是暴力和违禁的领域。"毕加索更大的快感，也许就来自一种对暴力和违禁的尝试，而这也可以说是他对自己不如意婚姻的一种发泄渠道，泰蕾丝则不失时机地成了毕加索温顺的小羔羊。而另一方面，与泰蕾丝的这段关系也出自毕加索另一种隐秘的心理。如巴塔耶所说："追求美就是为了能够玷污，不是为玷污而玷污，而是想要获得某种亵渎的快感。”毕加索有一次也亲口承认，女人被他划分为“女神”和“破门垫”两类。毕加索心目中很少有什么快感比得上把女神变成破门垫的快感。虽然在与毕加索的交往中有些女人是甘愿受践踏的，但毕加索对待女性的这种态度肯定是错误的，我们应该给予严厉的批评。

雕塑家毕加索

1928 年，毕加索创作了怪兽米诺托的拼贴画。古代神话中的米诺托，是个半人半牛的怪物。它住在地下迷宫中，以吃人肉为生。米诺托象征着人类潜意识迷宫中吞噬一切的欲望。在毕加索的拼贴画中，我们可以看到这头怪兽落荒而逃的情景，它硕大的头部和双腿紧紧挨在一起，两腿之间还夹着一个雄性生殖器。这副形象正是这一年毕加索自己的生活写照。毕加索从欧嘉的疯癫和自己的愧疚中落荒而逃，逃到了与泰蕾丝营造的肆无忌惮的感官王国中去。毕加索以自己的切身经验印证了那句古老的西班牙谚语："男人都唾弃性，却又都离不开性。"

在纠缠于个人情感的这段时期，毕加索的美术事业虽然受到不小的影响，但是作为一个个人主义者，毕加索永远都不会像当年他的朋友卡萨吉玛斯那样，把自己的全部精力奉献在儿女情长之上。事业对于毕加索才是第一位的，他要用艺术征服世界。征服女人，似乎只是他的业余爱好。虽然毕加索一生阅女无数，但他爱过的很少，或许这也是他的痛苦所在，占有、征服乃至性欲的满足都不等于能真正体会到爱，爱也是需要能力的。

一直试图寻找新美术表现途径的毕加索，1928 年开始与胡里奥·冈萨雷斯合作。前文我们提到，冈萨雷斯正是毕加索在巴塞罗那"四只猫"酒馆里认识的老朋友，他是一位训练有素的金属锻工和技工。巴黎再聚，毕加索挖掘出了冈萨雷斯铁质雕塑的技能，开始创作一系列的金属雕塑和集成作品。1931 年到 1932 年期间，毕加索的雕塑活动达到了一个顶峰，作品数量很大，质量亦高，包含了集成作品、石膏浮雕、小木雕像、青铜雕像等不同的种类。他还与冈萨雷斯一起承担了阿波利奈尔纪念像的创作工

毕加索雕塑作品

毕加索雕塑作品

作——宏大复杂的构成雕塑《花园里的女人》。这幅作品严格遵从阿波利奈尔生前对自己死后纪念像的描绘。遗憾的是，巴黎市政府任命的负责挑选作品的委员会拒绝了这幅作品，毕加索最后自己将它收藏起来。

毕加索与冈萨雷斯的合作是多年友谊的重叙，同时也是一次双赢的合作。两人的合作使得冈萨雷斯从一名不起眼的技工变身为一位重要的美术家，也使得毕加索获得了公认的雕塑家的名号（此前毕加索只是偶尔进行雕塑创作）。但毕加索后来没有与冈萨雷斯发展成类似与阿波利奈尔那样的友谊，因为冈萨雷斯腼腆的、优柔寡断的性格并不符合毕加索心中理想伙伴的条件，他总希望自己的伙伴能够拿出大量的热情和自信。这也是毕加索的蛮横所在，他的孤高使得很多人对他只能崇拜，而很难靠近。

1931 年，毕加索买下距离巴黎 40 英里左右的布瓦热卢大庄园。这座庄园草木葱郁，安静美丽，不仅可以为他头脑中已经成形的巨型雕塑提供必要的空间和场地，还为毕加索提供了另外一种场所：在这个幽静的地方，他可以避开欧嘉窥视的眼睛和疯狂的尖叫，与情人玛丽·泰蕾丝愉快地双宿双飞。这时候，我们也可以总结出毕加索身上的一个规律：一旦投入一个新情人的怀抱，就要迁居到一

《持花的女人》

《梦》

个新的地方。当然，这种迁居并没有使他斩断与过去生活的联系，毕加索无论身处何地都保持着对旧住宅的控制权，犹如他继续与所有被他抛弃的旧情人藕断丝连一样。

布瓦热卢庄园的画室刚建好，毕加索就创作了一幅田园画，画面中玛丽·泰蕾丝玉体横陈，如同婴儿一般熟睡，优雅的姿势犹如一朵向着太阳盛开的花瓣。斯坦因伯格将这幅画的主题归结为“守护睡美人”，实在是贴切极了。这个题材与毕加索的生活习惯或许有很大关系，他喜欢深夜工作，这就使得他有了很多观察情人睡眠的机会。敏感的画家自然就有用画布将那些可爱的睡美人“凝固”下来的想法。我们可以想象，当毕加索画完酣睡中的情人疲惫入睡，那些情人醒来看到描绘自己的画作，一定幸福得不能自已。

疯子制造者

1931 年 10 月 25 日是毕加索 50 岁的生日。他把信箱里堆积如山的贺卡和电报丢到一边，无意庆祝这个生日。此时他热心的事情是疯狂纵欲和强迫自己工作。对于好强和不服老的画家而言，这两件事情似乎是一种自己体力和脑力仍旧健旺的证明。1932 年，玛丽·泰蕾丝的怀孕极大地增强了画家对自己生育力的信心，但是显然，他没有要这个孩子的打算，他说服泰蕾丝去做了流产手术。

这次流产给泰蕾丝的心理带来不小的影响，而当时正处在毕加索与她的关系渐渐疏远的当口。毕加索小心翼翼地疏远她，担心内心脆弱的泰蕾丝会做出什么极端的事情。许多年之后，泰蕾丝死于自杀，这一定不出乎毕加索的意料。根据法兰克·珀尔与玛丽·泰蕾丝的相处记录我们可以看出，她的精神失常与毕加索有着直接的关系，尽管我们不能完全把这两件事情定位为因果关系而让毕加索背负道德责任乃至道德罪名。珀尔说自己和泰蕾丝当时坐在一张方形餐桌旁边，泰蕾丝不停地谈论着毕加索，重温自己与毕加索一起生活的点点滴滴。她一直试图把自己伪装成一个幸福的女子，不曾掉下一滴眼泪。谈话到后来，她拿出了毕加索的全部来信，滔滔不绝地朗读了几个小时，无法停顿。在谈话即将结束的时候，犹如端出了一道主菜，她拿出一个包得整整齐齐的小包裹，里面装着的竟然是毕加索的指甲碎片。

毕加索对泰蕾丝失去感觉的一个重要原因是，他发现泰蕾丝的形貌财富不仅仅是她首要的财富，也是她唯一的财富。毕加索的密友罗兰·彭罗斯将泰蕾丝描绘为“毕加索生活中唯一的真正愚蠢、真正庸俗的女人”。当一个女人除了美貌之外，不能给一个男人提供任何其他东西，而这个男人又恰恰是一个极其喜新厌旧的先锋艺术家，他们之间的关系就将不可避免地走向分裂。脚踩多条船的毕加索尽管已经冷淡了这个软弱女子，却仍旧与她有着断断续续的交往。1935 年 10 月，玛丽·泰蕾丝终于为他生了一个女儿，取名玛雅。同一年，毕加索与欧嘉也终于达成了合法分居的协议。毕加索把布瓦热卢庄园留给了欧嘉，并把他们十四岁的儿子保罗交由欧嘉监护。

这里我们看到，在毕加索的生命中，遇到的精神失常问题实在太多了，曾经陪他来巴黎的亲密朋友卡萨吉玛斯、现在的妻子欧嘉和情人玛丽·泰蕾丝都曾出现精神问题，而毕加索自己似乎也并不能完全幸免。1932 年 9 月，毕加索个人的一个大型回顾展在苏黎世昆斯陶斯美术馆开幕。有近三万人参观了这次展出，其中包括著名的心理学家卡尔·荣格。卡尔·荣格参观完毕加索的作品之后，写了一

《镜前少女》

《抱着洋娃娃的玛雅》

篇石破天惊的文章，发表在1932年11月13日的《新苏黎世时报》上。荣格称，毕加索的作品同精神病患者的画稿有着很大的相似性。他不无自信地宣称：“毕加索是一个精神病患者。”在比较过病人和毕加索的画作之后，荣格写道：“严格说来，他们身上的主要特征是精神分裂，精神分裂让他们把自己变成割裂的线条，也就是超越了图案的心理分裂，这是丑陋、病态、怪诞、偏执和不可理喻。他们的作品不是为了表达什么，而是为了掩盖什么，而且是一种不可遮掩的暧昧，就像是笼罩在荒凉沼泽上的冷雾。全部的事情都毫无意义，就像一场不需要观众的演出。”

荣格的专业虽然是医学和心理学，但是他对文学艺术有着非常敏锐的嗅觉，他所创立的原型批评也是20世纪最重要的批评流派之一，以上这段对毕加索作品及个人的分析评价，虽然有很浓的专业主义有色眼镜之观摩的味道，但他的批评也并非完全没有道理。并非所有的精神病患者都是艺术家，但是所有的伟大艺术家的精神状况一定有其特别之处，沉醉、疯癫、迷狂等都是历史上对他们典型性的描述。联系到毕加索一生“造就”了多个疯子朋友、疯子妻子和疯子情人，恐怕一切都绝非偶然。

《室内的两个女人》

《半人半牛雄怪》

在1935年毕加索的作品中，我们能够发现玛丽·泰蕾丝的怀孕与欧嘉的离别给他带来的不安。正如我们先前说过的，毕加索在艺术中爬高涉险，一往无前；但在生活上，面对突如其来的新变化，他总需要一段时间来反应，生活里的快节奏对他而言是不舒服的事情。这一年的作品在艺术上相对比较平庸，唯一可以称道的作品是一幅《半人半牛雄怪》的蚀刻板画。这幅作品远比一年前秋天创作的瞎眼半人半牛怪蚀刻画复杂，它描绘的是“归来”的主题。不再失明的怪物背着一个巨大的袋子，从流放中归来。它硕大的、毛发蓬松的头凶神恶煞般，充满吞噬感。怪物视觉的重新恢复似乎象征着画家的某种骄傲：他终于与欧嘉分手了，为自己的命运做出了某种关键的选择，而非优柔寡断地生活在头绪纷繁的惯性之中。这个决定虽然让他有一种说不清道不明的情绪，但总是一个令他能够解脱的决定。我们还可以将这个怪物的降临理解为毕加索对即将到来的第二个孩子的恐惧。不要忘记两个妹妹的出生给他童年幼小的心灵带来的印痕，她们的降临打破了毕加索在家中唯我独尊的地位，对于毕加索而言，这并不好受。对于自己的孩子，这种恐惧感仍然存在，无论何种原因，我们至少有一个清晰的认识，那就是：毕加索不喜欢孩子。

凡事勿过度

女儿玛雅出生之后，毕加索离泰蕾丝越来越远了，责任留在了她们母子这里，爱却转移到了另一个女人身上，她的名字叫作朵拉·玛尔。这件风流韵事并未在玛丽·泰蕾丝生产的当口发生，它大约发生在一年之后，即1936年的秋天。在同一时间，诗人萨巴泰斯就要从南美回到巴塞罗那，毕加索写了一封热情洋溢的信邀请这位老朋友来巴黎相聚。一向对毕加索崇拜有加的萨巴泰斯自然立即遵命。在公开场合，诗人充当毕加索的秘书，但他真正的角色也许更接近于毕加索的“管家”。在毕加索心情非常烦闷的这段时期，萨巴泰斯成为他倾吐的对象。吃过晚饭之后，他常常尽可能长时间地挽留萨巴泰斯：“再陪我待一会儿，凌晨还没到呢。”诗人只得陪着毕加索到半夜。在害怕孤独这点上，毕加索就像一个孩子。

朵拉·玛尔

这段时期，毕加索对绘画兴味索然，这个创造力十足的人需要找到其他表达方式来抒发自己的内心，否则，他就会像气球一般炸掉。与几位超现实主义诗人的交往，使得毕加索开始了诗歌创作。连续几个月中，他埋头创作西班牙文无韵诗，萨巴泰斯按时来帮助他修改、抄写这些诗歌，最后翻译成法文。学生时代的毕加索在文化课上是个十足“不学无术”的学生，导致他现在写的诗歌充满了很多怪异的拼写和奇特的语法。毕加索这个时期的诗歌作品最后由超现实主义的诗歌领袖布勒东作序发表，虽然反响平平，但也算是毕加索在诗歌领域的一次玩票。

毕加索写了几个月诗歌，就明智地收手了。离开一段时间后，他发现绘画才是自己真正喜欢的生活方式，是自己生命的寄托所在。他必须回到画室中，就如同斗牛士必须回到斗牛场一样。而毕加索在诗歌上的平淡无奇，说明所谓天才也只是在某些特殊领域里有着独特的天赋，天才也并非事事都成，所以，选对行就是十分重要的事情了。不仅毕加索如此，我们每一个平凡人也都是如此。尤其在今天分工如此细致的社会，进入一个行业，大体也就进入了一种生活方式。所以，选择行业不仅对实现人生价值非常重要，对人生的幸福也是至关重要的。

超现实主义的老前辈保罗·艾吕雅也是毕加索写作诗歌期间的“帮手”，当然，他们已经有着多年的友谊。艾吕雅虽然是一个诗人，但对美术有着同样的热爱，他十分佩服和欣赏毕加索。1936年的春天，他和毕加索相互创作献给对方的诗歌。毕加索还为艾吕雅的《扶手栏杆》做了一幅四个画面的蚀刻版画插图。两人还一起创作了一幅蚀刻版画，艾吕雅将他的诗歌《名曲》直接写在图版上，毕加索则以花朵和人物来装饰艾吕雅的诗歌。他们不仅在艺术上旨趣相投，而且在政治目标上也有相似的追求。毕加索原本十分厌恶政治，也与政治保持着必要的距离，但是西班牙内战的爆发使他开始靠近政治，成了西班牙共和党人。

《朵拉·玛尔肖像》

艾吕雅也同样热情地支持着西班牙共和党的事业。毕加索允许自己的作品在西班牙共和城市展出，以示他对共和政体的拥护，艾吕雅则在巡展期间充当毕加索的发言人，向毕加索的西班牙同胞介绍他的美术。显然，在那时，法国人比西班牙人更加能够理解毕加索的艺术。

艾吕雅除了在公共生活上给予毕加索很多帮助，在私人生活里，艾吕雅也可以说促成了毕加索的一桩好事，因为他介绍了毕加索与朵拉·玛尔相识。朵拉·玛尔是超现实主义圈子里一位摄影家和画家，可以说是一个女才子。当艾吕雅带毕加索走进那间朵拉·玛尔常去的咖啡馆时，她正坐在桌子前，非常专心地玩着一个在旁人看来刺激意味十足的“游戏”：把手放在桌面上，将餐刀往手指中间扔，餐刀每次都能不偏不倚插进指缝间的桌面。毕加索不禁与艾吕雅说：“这真是一个特别的姑娘。”虽然在美貌上朵拉·玛尔无法和玛丽·泰蕾丝一争高下，但她古怪的个性却极大地吸引了毕加索的注意力。

新情人一如既往地激发了毕加索的创作灵感和创作热情，他的手立刻恢复了久违的魔力。素描和油画创作成为这一阶段他的主要作品类型。朵拉被毕加索柔情蜜意地表现于画布，但同时毕加索仍旧与玛丽·泰蕾丝保持着联系。

《玛丽·泰蕾丝肖像》

《玛丽·泰蕾丝肖像》

我们今天可以看到，毕加索1937年的作品中最重要的人物形象是旧人玛丽·泰蕾丝，而非新人朵拉·玛尔。而与此同时，与毕加索合法分居的欧嘉也不甘于寂寞，从未停止对毕加索的纠缠，甚至常常跟踪毕加索，并且抛出许多让人难堪的言论来羞辱毕加索。这些恼人的纠葛并没有令毕加索感到疲惫。1937年夏天，毕加索竟然与保罗·艾吕雅的妻子又发生了不正当的关系。可以想象，毕加索在同一时间和多少女性发生了剪不断、理还乱的复杂关系。

在毕加索此时怪诞的超现实作品《姑娘们和一条玩具船》中，我们能够明显地看出他对情妇们进行比对的画面。毕加索似乎在与多位女性的复杂关系中找到了一种唯我独尊的快感，满足了他以自我为中心的占有欲望，但此时的毕加索已经走在一条非常危险的道路上。“凡事勿过度”是刻在古希腊德尔菲神庙上两句著名的智慧语之一，另外一句是“认识你自己”。这两句话是古人智慧的结晶，其中的道理是我们可以受用一生的宝藏。凡事都得有一个界限，如果极端行事，必然会产生一种物极必反的不良后果。毕加索此时与多位女性复杂而不节制的情与爱、肉与欲的关系，可以说是他到了老年之后“厌女症”的重要根源。诸位读者，永远不要为艺术家人生经历中的这种颇为刺激的大起大落着迷，短暂的快感换来的是长久的痛苦，我们应该引以为戒。

《看书的浴者》

第7章：战士手握画笔

这是你们的杰作

1937年4月26日，一场国际性的悲剧转移了毕加索对女人们的注意力。德国空军的43架飞机轰炸了西班牙巴斯克地区一个毫无防备的小镇格尔尼卡。这次空袭导致小镇7 000名居民中的1 654名手无寸铁的无辜者死亡，70%的格尔尼卡古城毁于一旦，举世为之震惊。

格尔尼卡事件的发生并非偶然。自从1929年蔓延世界的经济危机发生以后，相对落后的西班牙经济陷入瘫痪。国内的动荡使得政权发生了频繁的更迭，先后建立的共和国和第二共和国都如过眼云烟般很快消失，最终，奉行法

《弗朗哥的梦幻与谎言》

《格尔尼卡》局部

西斯主义的弗朗哥发动了军事政变，导致西班牙内战爆发。毕加索作为一个定居法国的西班牙人——他从来没有放弃自己的西班牙国籍——对此感到十分愤怒，他的政治热情膨胀起来，当时就创作了铜版画《弗朗哥的梦幻与谎言》。此画引起了西班牙国内很大的反响。但弗朗哥不顾人民的心声而一意孤行，为了恫吓群众的反抗，竟然无耻地求助德国空军，对自己的国家巴斯克地区的首府格尔尼卡进行空袭。

毕加索怒火中烧。此时，他正任西班牙普拉多美术馆的名誉馆长，同时受托为该馆计划当年夏天开放的巴黎国际美术和工艺展览会的展馆画一幅大型壁画。格尔尼卡事件发生前，毕加索迟迟没有着手做这件事情，因为他素来不喜欢完成“布置作业”，他更喜欢自由创作，无拘无束。而格尔尼卡事件的发生引起了画家疯狂的创作欲望，他以画笔为枪，开始了大型壁画《格尔尼卡》的创作。一幅近8米长、3米多高的巨作竟然在一个月的时间内就完成了。

创作《格尔尼卡》是毕加索第一次在大众面前作画。朵拉全程陪同，还把毕加索创作的每一个过程都用照相机拍摄下来，留作纪念。旁观的还有毕加索的很多老朋友和慕名而来的美术爱好者，以及许多仅仅是热爱和平的人们。

他们近距离欣赏了毕加索挽着袖管、手中画笔飞舞的英雄般的表演。在他们的注视下，毕加索将40年艺术生涯中充斥着的女人、公牛和惨烈的马的黑白色的梦魇世界，都浓缩在这幅作品中。在后来毕加索唯一一次的公开评论中，他简短地指出，公牛代表残暴和黑暗，马代表痛苦的人民。当然，毕加索非常不情愿去解释自己的作品，因为他更注重自己画面所传达出的整体效果，而不是去细抠每一个细节的寓意，这是违背毕加索自己对艺术本质的理解的。

《格尔尼卡》以黑、白、灰三种主色调构成，采用了古典主义式的三角形构图方法。毕加索用后期立体主义娴熟的绘画语言赋予画面一种梦幻般的紧张感和恐慌感，而这种感觉的最初来源，则可以追溯到1884年马拉加的那场地震。读者请不要忘记我们的论断，就是毕加索三岁时经历的那场地震让一种莫名的恐惧感与毕加索相伴一生，而格尔尼卡事件将这种恐惧感重新激发起来，并通过艺术的形式表现了出来。

在这幅巨大的壁画上，我们可以看到，在靠近三角形构图顶端的地方，是一匹咬牙切齿、瞳孔爆张的奔马。毕加索只在画面上强调了这匹马的头部表情，而淡化处理了它身体的其他部位。可以说，这匹被刺伤的奔马正是毕加

《格尔尼卡》

索祖国人民的象征，他们忍受苦难，但他们勇于抗争。他们仿佛正在奔向仇敌，有一股坚韧的斗牛士的精神。马的周围，我们看到的是死去的孩子、受伤的肢体和燃烧的房屋，这都是灾难现场最直观的表象。作品中毕加索还对人类的未来表达了希望，他相信地上躺着受伤的战士，他隐忍着痛苦，仍旧紧握已经折断的利剑。他从不放弃，正如西班牙和全世界热爱和平的人们一样。画面最上方是一盏明灯，它高高在上，如同上帝审视着人间的罪恶、苦难以及抗争，正义的审判终将来临，人类终将走出战争和邪恶的阴影，获得美好的未来。

在举世关注的这一国际性事件中，毕加索的《格尔尼卡》很显然成为一种单纯朴素而又生动贴切的语言，虽然他采取了立体主义的先锋手法，但是画面的颜色氛围、比喻象征、扭曲变形等，都是人们可以普遍理解的，就如同音乐旋律般地跨越了国界。这幅作品显示出了一种童年经验同政治情感的奇怪融合，这种融合使得这样一幅被认为非常有宣传性的作品体现出了极高的艺术价值。毕加索后来曾经多次试图重新发掘创作《格尔尼卡》时的这种融合，但都未成功。他后来创作的多个宣传共产主义的作品，如《朝鲜的屠杀》，无论在宣传效果上还是在艺术价值上，

《格尔尼卡》局部

《朝鲜的屠杀》

都是非常失败。

现在让我们看看当时人们对这幅作品的看法。小说家克劳德·罗伊当时还只是一个法律系的学生，他看到《格尔尼卡》后说，这幅作品传达的是“来自外星球的信息。这画中的暴力让我瞠目结舌，让我感到前所未有的烦躁”。米歇尔·雷利斯把《格尔尼卡》带来的绝望感归结为一种致悼词时刻的感受，他说：“就在那些弥漫着古老悲剧的黑白格子块里，毕加索将我们的悼词写了出来：我们所爱的一切都会死去。”这个评价更具有形而上学性，是一种更具普遍性层面的阐释。而赫伯特·里德则更注重这幅作品的艺术史意义，他说：“艺术界很长时间都没有里程碑了。像米开朗基罗或是鲁本斯那样具有里程碑意义，一个时代必须有一种荣耀感。艺术家必须对他的族人有信念，必须对他身处的文化有信心。这种心态在现代社会中已经绝迹了……即使有所谓的纪念碑，也只会是那些消极意义的纪念碑，也就是幻灭、绝望和毁灭的纪念碑。我们时代最伟大的艺术家也不可能脱离这个窠臼。毕加索的壁画巨作就是一座毁灭的纪念碑，是他极高的天赋创作出来的愤怒和恐惧的呐喊。”后来，德军占领了巴黎，一名德国军官在搜查毕加索的公寓时看到桌上《格尔尼卡》的明信片，他居高临下地问毕加索："这是你的杰作吗？"毕加索表情严肃，词语铿锵："不！这不是我的杰作，这是你们的杰作！"

情场上的战争

就在毕加索公开创作这座"毁灭的纪念碑"的同时，缓和了没几天的情场纠缠又开始了。毕加索仍旧用他的"骗术"和"狡诈"与他的女人们周旋着。他对泰蕾丝说："《格尔尼卡》是为你画的呀。"天真的泰蕾丝深信不疑。而事实上，这幅作品倘若必须有一个题赠人，这个人一定是朵拉·玛尔。聪明有才的朵拉·玛尔对毕加索的政治觉悟有着不小的影响，毕加索在《格尔尼卡》中的许多想法都是在与朵拉的讨论中诞生的，朵拉甚至参与了局部的绘画。正如皮埃尔·戴所言："永远也说不清朵拉·玛尔为《格尔尼卡》付出了多少。"

醋意是女人之间战争的导火索。有一天，毕加索正在创作《格尔尼卡》，朵拉同往常一样在一旁拍照，泰蕾丝找上了门。她不甘心朵拉总陪在毕加索身边，指着朵拉说："我跟毕加索生过孩子，他身边的那个位置是我的，你应该离开那里。"朵拉不会如此歇斯底里，但也不示弱，与泰蕾丝你一句我一句地争吵起来。在两个女人的争吵过程中，毕加索装聋作哑，充耳不闻，兀自埋头作画，仿若无事。他享受着女人为他争风吃醋的乐趣，不禁令人大跌眼镜，正如詹姆斯·罗德一针见血指出的，"他的两个情人在画室中大打出手，毕加索本人却仍旧怡然自得地在那里创作那幅谴责人类战争的恐怖的巨画"。这实在是颇具讽刺意味的。

像鹰隼一般在艺术中翱翔之际，毕加索仍旧沉浸在女人堆中不能自拔。对身边的女人，他几乎没有一句实话。他对泰蕾丝说自己根本不在乎朵拉，又在朵拉面前把泰蕾丝的缺点一一细数，大表反感。他享受着这种摆布女人的快感，谎言对他来说如同拿起画笔一般稀松平常。除了长期情人，短期情人亦不断地出现在毕加索周围。早在1906年，毕加索就有一幅名为《妻妾成群》的作品，表现的是四个婢妾被奴隶诱惑勾引的画面。而现在，"妻妾成群"

对毕加索而言似乎变成了现实，他说：“有人对我说：‘你有一个苏丹式的灵魂，因此你可以妻妾成群。’他说得真对，我愿意像阿拉伯人或东方人那样生活。我对东方的一切都很着迷。西方世界以及西方文明比起东方文明这块大面包来说，只是一点面包渣而已。”两性游戏的刺激给毕加索带来对东方的向往。女人对于他而言，似乎已经不是人生的伴侣，而只是陪衬他这个“皇帝”的“后宫佳丽”。

有一次，毕加索从戛纳带回来一只猴子。他特意在朵拉面前非常宠爱这只猴子，目的就是让朵拉吃醋，而朵拉竟然真的上钩了，这正中毕加索下怀。他发现这个办法可以操控朵拉的情绪，背地里快乐得不得了。现在已经很难说毕加索这样的行为是童心还是变态了。最后倒不是朵拉无法忍受，而是这只猴子实在受不了毕加索的过度宠爱，竟然朝毕加索的手指咬了一口。这使得毕加索火冒三丈。但更令他恼怒而烦躁的是，艾吕雅在旁边火上浇油地说某个希腊王就是被猴子咬了一口之后死掉的。这让毕加索提心吊胆了好几天，最后恶狠狠地把猴子退回了戛纳。

上一章我们提到，毕加索与保罗·艾吕雅的妻子纳西有染。事情发生在1937年的夏天，那时毕加索和朵拉以及艾吕雅夫妇正在穆冉度假。物以类聚，人以群分。毕加索与纳西的“私通”竟然是在纳西的丈夫保罗·艾吕雅的默许甚至是鼓励下进行的。后来有人问毕加索怎么可以与朋友的妻子有暧昧关系，毕加索很自然地说：“我这样做只是为了让他高兴。我不愿意让他认为我不喜欢他的妻子。”这也印证了艾吕雅有与别人分享自己的妻子的怪癖。据我们所知，他曾把自己的第一个妻子丢给了西班牙超现实主义画家和版画家萨尔瓦多·达利，现在又把第二个妻子交给了这个西班牙立体主义画家和雕塑家毕加索。

萨尔瓦多·达利（1904—1989），西班牙超现实主义画家和版画家，与毕加索、马蒂斯一起被认为是20世纪最有代表性的三个画家。他是一位具有卓越天才和想象力的画家。在把梦境的主观世界变成客观而令人激动的形象方面，他对超现实主义、对20世纪的艺术做出了严肃认真的贡献。达利的一生充满了传奇色彩，除了他的绘画，他的文章、口才、动作、相貌以及胡须，均给欣赏他的人们留下了扑朔迷离的印象。《记忆的永恒》、《悍妇与月亮》、《内战的预兆》是他的代表作品。

《朵拉·玛尔肖像》

毕加索与朵拉在穆冉

在与纳西风流快活期间，毕加索对凡·高的《阿尔雷女人》进行了一系列的临摹，其中他将保罗·艾吕雅描绘成异装癖形象。在这组油画最后一幅的古怪画面中，艾吕雅笑得非常难看，露出的胸部似乎在给一只猫一样的东西喂奶。这似乎是对一个戴绿帽子的丈夫进行的一个典型的西班牙式的蔑视和嘲讽，这种蔑视和嘲讽的深处显现出一种厌恶，由此也能看出他与艾吕雅友谊的不牢固。与此同时，朵拉在画面中成了一个街头的卖花女，我们能够看出她的心神不宁和垂头丧气，这位卖花女似乎没遇到对她的货物感兴趣的顾客。另一个争夺毕加索时间、注意和感情的对手出现了，这自然令朵拉感到了竞争的无奈。

《呼喊的女人》

1937年10月26日，毕加索56岁生日的当天，他完成了作品《哭泣的女人》。当罗兰·彭罗斯和保罗·艾吕雅一同走进毕加索的画室时，这幅作品正晾在画架上，颜料还没完全干。他们看见一个女子的侧影，有着一双朵拉·玛尔多情的黑眼睛，穿着节日的盛装却泪水滂沱。他们对这幅作品热烈地赞颂，罗兰·彭罗斯问毕加索这幅作品是否可以出售，毕加索不假思索地说："怎么不能？"结果，彭罗斯用一张250英镑的支票买下了这幅杰作。从这幅作品中，我们不仅可以看出朵拉的痛苦，或许也能发现毕加索内心隐隐的愧疚。毕竟对于一个敏感的艺术家而言，虽然容易忘记自己造成的伤害，但是在伤害面前，也很难做到无动于衷。这一点在毕加索同年的《呼喊的女人》中体现得也非常明显，画面主角裸露出一颗硕大的乳房，充满肉欲的性感，然而脸上却有着旷野呼告般的悲愤，暴露的牙花与扩张的鼻孔，红红的脸蛋与圆睁的双目，伸向天空如同被绷带扎紧的双手，仿佛修女的服饰，一切都在诉说着无尽的痛苦。这仍旧是朵拉·玛尔，仍旧是一个折戟于毕加索的曾经聪明伶俐而且十分干练的女子。

攘外必先安内

说到毕加索卖掉《哭泣的女人》的场景，我们不妨再提一下毕加索的经济事务。可以说，毕加索操纵起自己生意上的事务来一点也不比控制女人逊色。他对经济事务表面看起来漫不经心，实际上却无时无刻不在精打细算。在金钱方面毕加索做得十分隐秘，不论把收入放进床单下边还是到瑞士银行取款，他都小心谨慎，尽量不让外人得悉。1937 年 11 月 27 日，毕加索又一次前往瑞士银行。这次瑞士之行名义上是度假，事实上却是处理一起紧急事件。这与他此时正十六岁的长子保罗有关。保罗抢劫了一家珠宝行，唯一能够让保罗免受牢狱之灾的办法就是申诉他是精神病患者，因此毕加索带着他“患病的儿子”来到了瑞士首都伯尔尼，保罗被送进了普朗金医院，这里是只有拿出大把大把瑞士法郎的人才能够待的地方。有趣的是，保罗的教父后来去瑞士做眼部手术时曾看望过保罗一次，他对保罗说：“你与其冒着坐牢的危险去抢劫珠宝店，还不如去偷你爹的油画出来卖，这挣钱要多得多。”

此时第二次世界大战已经箭在弦上。1937 年 12 月 18 日，《纽约时报》发表了一篇毕加索寄给纽约市的美国艺术家协会的文章。这是保罗·艾吕雅的代笔，前文我们说过，毕加索和艾吕雅有着几乎相同的政治见解，所以，没有什么“文化水平”的毕加索的一些声明性文字常常由艾吕雅代笔。这篇文章表达了毕加索和艾吕雅对局势的关切：“我想在此时此刻告诉大家，我历来就相信，一切生活中或作品中充满灵性的艺术家是不能够对这场战争无动于衷的，这场战争关系到人类和文明的生死存亡。”可以说，这样的文字让保罗·艾吕雅借着毕加索的名人效应传播了自己的政治见解，而对国际政治生活发言也使得毕加索的声名远远超出了艺术界的范畴。

在希特勒忙着侵吞奥地利、弗朗哥忙着让西班牙共和政府屈膝投降的这一年，毕加索开始在艺术作品中赋予公鸡一种全新的隐喻意义，那就是把公鸡塑造成一个残暴的和专门酿造悲剧的化身。他说：“公鸡！到处都可以看见的公鸡！就像生活中的其他东西一样，我们得重新发现公鸡，就好像柯罗重新发现了清晨、雷诺阿重新发现少女一样。”艺术史研究专家维拉·米斯菲尔德后来指出：“在毕加索那里，公鸡打鸣不再意味着黎明的到来，公鸡是一个拉响恐怖和恶兆警报的守夜人。”这一年，黑暗、毁灭和纷乱的风景也越来越多地出现在毕加索的作品中，显然，政局的动荡让这个敏感的画家感到了空前的不安。虽然，作为一个大时代的艺术家，那时候的他还远没有意识到第二次世界大战将给世界带来的危害性，他所期待的只是一间安静的画室和几个为他疯狂的女人。

《公鸡》

为了忘却的纪念

1938 年年底的一天，毕加索去吉德鲁德在克里斯汀大街的新家拜访他。吉德鲁德伤心地告诉毕加索说：“巴斯卡特不见了，”巴斯卡特是一条狗，“朋友们劝我再养一只。”毕加索劝说吉德鲁德不要这样做，“太难过了！新的这只会让你想起旧的那只，你越盯着它看，心里就会越难受。让我们来打个比方，假设我死了，你早晚会在大街上碰见一个名字叫作毕加索的人，可是那个人绝不是我。你难道不会触目惊心吗？我劝你不要再养一只一模一样的狮子狗了，倒不如像我一样，养一只阿富汗猎犬吧!”吉德鲁德最终没有采纳毕加索的意见，而是买了一只同样的小狮子狗，取名叫作巴斯卡特二世。吉德鲁德不无幽默地说：“国王死了，新王万岁!”

新年伊始，毕加索接到了母亲玛利亚的死讯。玛利亚死于 1939 年 1 月 13 日。不到两周，又传来了巴塞罗那沦陷的消息，这两件事情都令毕加索感到非常沮丧和难过。83 岁的老太太玛利亚死于肠梗阻，但这只是一种病理上的直接原因，更重要的原因是内战给她带来的沉重打击。按理说，毕加索应该去参加母亲的葬礼，但他却躲开了这种场合。正如热姆·维拉托所说："他本可以来参加葬礼的，可是他那脾气是要躲开这种场合的。他爱的人死了之后，他喜欢从此对那人保持缄默。"毕加索虽然痛苦却不哀悼，他通过艺术来缓解自己的悲痛和伤感。正如歌德书写了维特的故事而让自己走出青春的苦闷，贝多芬演奏命运交响曲而在现实的挤压面前愈挫愈勇，毕加索有他的画笔，这是一条可以漂向天国的渡船。

《玛利亚肖像》

毕加索整个春天的创作都反映出了他内心的绝望。一个漂泊异乡的游子，经历着人类历史上最为惨烈的世界大战，母亲的去世，政治理想的失落，因为战争而被边缘化的艺术界，朋友们的渐渐疏远，一切的一切，都令毕加索感到难过。他创作了一系列的恐怖肖像来表达这种难过和不安。这一年，毕加索带着朵拉和萨巴泰斯来到了安泰伯斯，那个时候法国还没有参战。安泰伯斯是一个安静的海滨小城。毕加索经常牵着朵拉的手在港湾散步。在一个夜色初沉的夜晚，画家被一幅宁静而充满生机的场景打动：修补渔网的渔民，嬉戏奔闹的顽童；作为一家之主的男人拿着鱼叉，正在静观苍天和大海，判断未来的天气。一切都如此静谧而充满生活气息，仿佛正在发生的战争不曾存在一般。这一瞬间的感悟令毕加索不由得自言自语："当风暴来临之时，只要你闭上双眼，就仿佛什么都不曾发生。"那一晚，毕加索在海边散步散了许久，看着灯光渐熄，星月闪耀。回到画室之后，他马上开始创造那幅著名的《安泰伯斯的渔夜》，这被认为是毕加索绘画生涯中的最后一幅重要作品。这幅有着强烈色彩落差的作品中，虽充满了一种诡异的魅惑力，寂静而诗意盎然，但又仿佛隐藏着一些可能的凶险和让你惊心动魄的瞬间的戏剧化的离散之感。多维空间的设置让一系列丰富的信息混杂在一起，让一种没有位置感的视角能够彻底排除观看者的共鸣和投入。这幅作品传达出的是一种四目相对般的诡异氛围。同毕加索的其他立体主义杰作一样，这幅作品有着独立的灵魂，倾向于同观赏者进行思想上的较量。

《安泰伯斯的渔夜》

你手中的生命线

《安泰伯斯的渔夜》诞生在 1939 年 8 月。几个星期之后，毕加索担心的事情终于发生了，法国宣布参战。由于

《洛扬的咖啡馆》

《人像》

担心自身和作品的安全，毕加索不停地在大西洋旅游胜地洛扬城和巴黎之间来回奔波。他认为洛扬城更安全，而他的画和雕塑则存放在巴黎的各个画室。朵拉、萨巴泰斯和他养的阿富汗狗在旅途中陪伴着他，他们常常坐着吉卜赛大篷车般的汽车，行李和器材堆满车厢。两个城市之间的来回奔波让毕加索回忆起年轻时在巴塞罗那和巴黎之间心神不宁的来回奔波，但如今却已时过境迁，青春不再了。

1940 年，不安定的生活方式使得毕加索没有条件创作大型油画，但局势的动荡和外在的压力反而激发了他的艺术灵感和绘画热情，他迅速地将一本本素描簿填得满满的。法国沦陷之后，毕加索困在了非常时期的巴黎，在奥古斯丁大街 10 号过着一种俭朴的生活，同时保持着巨大的创作热情。根据统计，在第二次世界大战期间，毕加索完成了上千幅的素描。战争的动荡反而给他提供了一种更有效率的创作环境。

1941 年 1 月 14 日，毕加索眼瞅就要 60 周岁了。他画了一幅自画像，我们看到一个秃顶的戴着老花眼镜的男人似乎在伏案写些什么东西。是啊，这就是毕加索真实的生活写照，因为那时候他正在写一个剧本，这个剧本可以归于荒诞剧或者残酷剧一类，也算现代派阵营中的成员了。

毕加索把这个新尝试的剧本取名为《无法脱身的欲望》，刚才提到的那张素描也成为这部作品的插画。这个剧本的创作仅仅用了3天时间，可以说是一部即兴的作品。剧中的角色“大脚丫”很像毕加索本人，因为很多剧中人物都爱上了他。这部剧并非简单的个人自况，它是战争通过毕加索大脑展现出的时代精神，那就是残酷。整部剧中没有怜悯，也没有希望，与这段时期毕加索的画作有着相同的精神气质。

1942年到1943年期间，毕加索的雕塑创作又进入了一个活跃时期，这期间他完成了七十六件雕塑作品，其中包括著名的由一个旧自行车车把和坐垫做成的《公牛头像》。这幅作品也再次说明，毕加索的艺术同生活从来都是紧密相连的。对于这幅作品，毕加索曾开玩笑说：“设想我做的牛头被扔在了废品堆里，某天有位老兄碰巧在废品堆里见到这个牛头，也许他会说：‘嗨，这东西正可做我的自行车把手……’”这幅作品体现了毕加索对生活细致的观察和对创作材料的灵巧应用。

同一时期毕加索下更大功夫的是另外一幅雕像作品《抱绵羊的男人》。他为《抱绵羊的男人》画了无数的素描草稿。这幅作品与一次算命事件有着紧密的关联。很久之

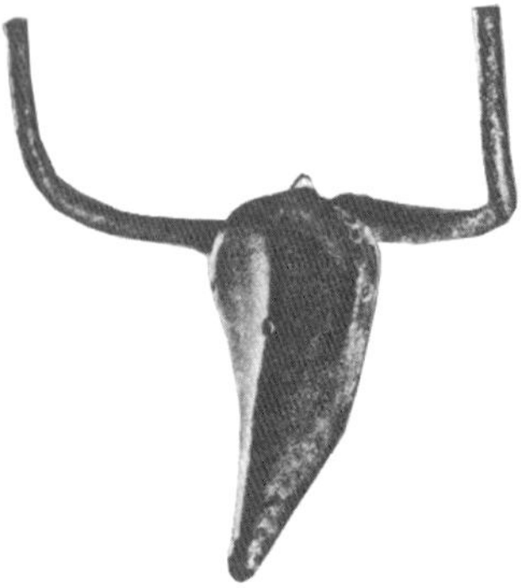

《公牛头像》

毕加索与《抱绵羊的男人》

前，马克斯·雅各布曾给毕加索看过手相，他说毕加索的生命将终止于63岁，当时毕加索并不在意，但随着1944年的临近，他的心里有点发慌，产生了一些莫名的焦虑。他构思的这座《抱绵羊的男人》，可能就是对雅各布预言的一个反应。雕塑中的这个男人很可能是作为一位神奇的保护者。如果我们足够细心，就会发现这个雕塑与牧羊神的基督形象很相似，差别就在于这里有着高大纤细的胡须，这点极可能是对父亲唐·约瑟的一种隐喻。从毕加索为这个雕像准备的素描稿中，我们也能发现以上两点假设的佐证。在许多素描稿中，牧羊人对羊羔的态度比最终的雕像成品更温柔；另外一些草稿也证明，毕加索创作这尊雕像期间，与画家父亲密切相关的鸽子形象重新出现。可见，在这尊雕像的构思过程中，唐·约瑟占有不轻的地位，这也反映出毕加索在面对预言中的死亡时一种微妙的思想过程，他想要寻求保护，同样也在反省自己的成就是否可以配得上父亲对他的预期。

如果毕加索在无意识中要他塑造的抱着绵羊的男人形象扮演保护人的角色，那么这个雕塑起到了预期的作用。因为1942年到1943年的很长一段时间里，画家的作品展现出十分宁静和抒情的格调。许多张女儿玛雅的素描伴随着一系列现实主义男性头像一同出现，玛雅的成长给毕加索带来快乐，同一时间毕加索借助照片对文艺复兴时期诸位大师作品的研究也让他的心灵很有寄托。艺术不仅可以对人的精神起到缓释和放松的作用，还能够帮助艺术家外化自己的精神和情感，让他能够找到更大的支撑自己的力量。艺术的这种功能，是其他任何种类的人类生活方式都无法取代的。

《摇椅》

当然，这两年的作品中也有令人不安的形象，比如1942年8月的作品中突然闯入的一系列可怕的女性形象，似乎是他这个时期最主要的伴侣朵拉·玛尔心绪混乱的征兆。而在1942年年底到1943年的头几个月中，毕加索的素描本上再次出现了很多“守护睡美人”的形象，其中一幅很值得我们推敲：画面中出现了一位新的女子，她看着另外一个女子。这不禁让我们怀疑，一段新的感情又要发生了。

第 8 章：春花秋月何时了

倾城之恋

1943 年 5 月的一天晚上，毕加索与朵拉以及另外一位朋友走进一家餐馆，他的演员朋友阿兰・库尼叫住他。毕加索随着声音转过头去，眼神却撞上了与库尼同桌的另外两个年轻女子。毕加索一看见这两个青春靓丽的女子，便心旌摇荡，仿佛老树逢春，枯木新芽。这两个女人，一个黑头发黑眼睛，有着希腊人般的面容，穿着一条长长的百褶裙；另一个身材苗条，腰肢纤细，草色的头巾下是一张清新机敏的面容。前者叫作热内维夫耶・安丽阁，后者叫作方斯华姿・吉洛。

方斯华姿·吉洛与毕加索

吉洛给毕加索的第一印象是个少年，而不是一个姑娘，她让毕加索想起了诗人兰波，这种雌雄莫辨的清秀俊逸令毕加索非常着迷。他整晚都注视着这个邻桌的女神，并且刻意在与朵拉和朋友的交谈中卖弄自己的才华，他确信自己的每一句名言警句都进了吉洛的耳朵。吃到最后，甜点上来了，毕加索把朵拉和朋友撇在一边，自顾自地端着一碗新鲜的樱桃走到吉洛所在的桌子，他对库尼说：“库尼，是不是把你的朋友给我引见一下?”库尼给他们做了介绍。原来，安丽阁和吉洛都是美术圈里的新人，她们此时正在布瓦西·德安格拉大街上的玛德琳娜·德克雷画廊举办画展。毕加索的大名她们先前自然听过，他乘机邀请两位女子到自己的画室中做客。巴黎沦陷时期是不允许画廊展示毕加索那些“堕落的”作品的，因此毕加索的邀请对两位现代艺术界的新人来说是十分有诱惑力的。她们欣然答应前往。毕加索与吉洛建立起了最初的关系，这也是他此生的最后一次浪漫的开端。

方斯华姿·吉洛生于1921年11月26日，比毕加索整整小40岁。与吉洛热恋之时，毕加索已经62岁了，但他仍旧像一个小伙子般热情似火。毕加索确实被吉洛打动了，但这似乎也并非一见钟情的爱，因为对于毕加索这样一个历经沧桑的男人来说，已经不可能有一见钟情的爱了，我们更愿意相信毕加索的一名传记作家的推测，毕加索疯狂追求吉洛只是为了证明自己尚且年轻有魅力，尚且有爱的能力而已，这仍旧是他的一种赤裸裸的个人主义的体现。少不更事的吉洛没有经受住这位颇具魅力的老男人的攻势。两人结合的另外一个重要原因就是战争。正如张爱玲的著名小说《倾城之恋》中范柳元和白流苏的故事，一场战争成全了一场婚姻。在朝不保夕的战乱年代，人们对爱情和婚姻中很多外在条件的计算和考虑已经淡化了。战争中，人们总会做出一些违背习俗的疯狂的事情。

海明威的礼物

1944年，巴黎光复。毕加索看到巴黎的太阳如此明亮，感到无比欢欣。第二次世界大战使人类付出了惨重的代价，和平的到来，是每一个人衷心期待的。这一年，美国著名作家海明威来到巴黎，专程拜访毕加索，这是他的一个夙愿。海明威在1936年到1939年期间，曾作为志愿者参加过西班牙国内反法西斯斗争，他为此曾发表过剧本《第五纵队》、《西班牙的土地》以及小说《丧钟为谁而鸣》。而第二次世界大战中，他仍旧勇往直前，是一名坚毅刚强的老战士了，他有着《老人与海》中圣地亚哥般的钢铁品质。1937年，海明威还与苏联作家爱伦堡、法捷耶夫和阿·托尔斯泰等人在马德里组织和召集了第一次国际性的作家大会。大会筹备期间，他们原本打算邀请毕加索参加，但因为毕加索发誓绝不回到独裁者弗朗哥执政下的西班牙而告罢。这一次，战后再次踏上巴黎土地的海明威说什么也要见见心慕多时的毕加索。

海明威

海明威是随着解放巴黎的美军一起到来的，他开着吉普车找到了毕加索在奥古斯丁大街的寓所。但是，两位20世纪艺术领域的传奇人物却再次失之交臂，毕加索正巧去了泰蕾丝那里。海明威感到非常失望，打算写一张条子留给看门人。看门人看见海明威的沮丧模样，提建议说："为什么不给毕加索先生留下一点纪念品呢？或许比纸条更有意义。"海明威觉得有道理，但是手头却没有适合的东西。行事同样令人琢磨不透的海明威竟然跑回自己的吉普车里，搬下一箱手榴弹放在看门人脚下：“这个给毕加索作纪念。”看门人张大的嘴巴很长时间都没有合拢。吉普车扬长而去，腾起一地灰土。

书生岂奈政治何

战后，毕加索同老朋友艾吕雅和阿拉贡重新取得了联系。1944 年 10 月，经这两位老朋友的介绍，毕加索竟然加入了法国共产党。这在刚刚胜利不久的巴黎是一条爆炸性新闻。加入共产党不仅仅是一个个人行为，而且是一个政治行为，毕加索一下子就成了巴黎舆论最火热的争论对象。在战后巴黎的秋季画展中，毕加索封存了很久的作品终于重见天日。因为是二战以来的第一次画展，再加上毕加索新近的共产主义者身份，这次画展吸足了世界的眼球。在这次画展的艺术评论中，也掺杂着很多非艺术的因素。

共产主义和资本主义意识形态之争在战后越发凸显出

来，人们普遍关心这两种社会治理方案对世界新格局以及人们日常生活的影响。毕加索认为十分有必要对此作出公开声明，以彰显自己的立场。他先后在《人道报》、《新群众》等报刊发表了《我为什么加入共产党》的声明，他说："加入共产党是我整个生活和全部工作的必然结果。我引以为豪的是，我从不把绘画看作是单纯的娱乐或逃避现实的事情。我希望，通过色和线——因为这些是我的武器，我能够更深刻地认识世界和人类。我毫不犹豫地加入共产党，因为在那以前，我一直是同它站在一起的。"当然这都是一些大而无当的说辞，一个画家的社会责任感并不必然导致他加入共产党。显然，毕加索对政治仍怀着浪漫主义的想象，他并不懂得政治的真正本质，他所理解的共产主义同当时资本主义和社会主义社会中对共产主义的理解都有很大的不同。书生谈政治，往往是要冒风险的。

第二次世界大战之后的世界局势仍旧动荡不安，大国之间正在酝酿着"冷战"。1946 年底，印度支那战争爆发，反战和和平成了法国共产党宣传的主题，画家自然也参与其中，献力献策。紧接着，苏联作家爱伦堡给毕加索发来邀请信，邀请他参加在波兰首都华沙举办的第二届世界保卫和平大会。毕加索决定接受邀请，但要去赴会却有很多程序上的阻碍。一方面，作为一个长期在法国定居的西班牙人，他一直坚持自己的国籍不改变。但他又不愿意接受当时控制西班牙的弗朗哥政权的护照，他是经过法国国会特批的以“特殊居民”留下的侨民，是一个只有国籍没有护照的游民。最后，波兰政府同意毕加索可以免除护照踏上华沙的领土参加会议。然而在是否乘飞机的这件事情上，毕加索又表示反感飞机的噪音和震动，但坐火车就要经过他国的领土，护照问题再次出现。最后，毕加索终于妥协，非常不情愿地乘坐飞机前往波兰。

毕加索到了波兰并在那里停留了两周。这次出国让他第一次真切感受到了自己的艺术在世界上的影响力，与会的各国作家、诗人、艺术家以及学院里的教授，很多都当面给予毕加索非常高的评价。他还被法国共产党总书记阿莫里斯·多利士称为“我们的好兄弟毕加索”。与这些来自苏联以及其他社会主义国家的共产主义阵营朋友的交往，使毕加索感受到一种同志加兄弟式的氛围，但他也非常清楚这种氛围只是出于一种政治同盟的需要，一种强大的非艺术的因素在其中起着支柱性的作用。他们中的大多数人在艺术观上，是不可能与自己成为同志和兄弟的，毕加索感到有些格格不入。

当时共产主义联盟的老大哥苏联正奉行“社会主义现实主义”的创作原则，并在世界上的共产党国家中推广，对于毕加索的那些立体主义和超现实主义是作为“资产阶级腐朽艺术的表现”而加以强烈批判和排斥的。法捷耶夫就曾当面非常不客气地质疑毕加索：“你为什么选择了这样一些无法让人理解的形式呢?”这说明毕加索的艺术不但没有被理解，反而被共产党内的同盟者从艺术外部给予了批评。毕加索有些哭笑不得，但他也由此认识到了自己看待政治的幼稚和单纯。我们知道，一个艺术家的天真性灵往往是与那些成熟老到的政治家背道而驰的。艺术家永远是“婴儿”，怀赤子之心，愿意敞开自己；政治家则永远是“老人”，需要有精深的韬略和长远的眼光，“藏”得收放自如才是本领所在。

廉颇老矣，尚能饭否

战后，毕加索看到了德国失败后发表出来的纳粹集中营之暴行的照片。这使他想起了朋友马克斯·雅各布在集中营里的惨死。雅各布被运往集中营之前，曾经向朋友们求助，其中包括毕加索。但毕加索犹豫再三之后，还是选择了与吉洛去旅行，而没有向他伸出援手。同一时间，朵拉·玛尔精神的完全失常也使得毕加索感到心情烦闷，他开始准备新的油画《停尸间》。这幅作品体现了毕加索此时糟糕和复杂的心情，也是他对抑郁情绪的自我疏导。

同《格尔尼卡》一样，这幅大油画完全采用灰色，描绘的是一组破碎的尸体堆积在作为祭坛的桌子下。创作这部作品的同时，毕加索还创作了一些变形女性头像和两幅描绘头颅和水罐的静物油画。毕加索常常以水罐象征朵拉，因此这些静物也许正是暗示着朵拉。吉洛回忆说："朵拉的精神崩溃令毕加索感到厌恶。他视此为一种无法解释的具有‘死亡味道’的征兆。他对《停尸间》主题的迷恋也许正由此而产生。”朵拉的精神崩溃引起了毕加索的厌恶，而他的这种态度反过来又加剧了朵拉的精神崩溃。他为朵拉聘请了一位杰出的精神分析医生——大名鼎鼎的弗洛伊德主义的修正者雅克·拉康。但从实际情况来看，朵拉并没有从根本上得到拉康的帮助。

《停尸间》

1946年的整个夏天，毕加索都在忙于《停尸间》的创作，但他最后并没有完成这部作品。我们今天看到的《停尸间》只是一幅残稿。很明显，促使他创作这幅作品的激情不足以维持这幅画的整个创作过程。彭罗斯曾将这幅画称为战争的尾声，正如《格尔尼卡》是屠杀发生的序幕。

《花枝姑娘》

《搏斗》

同样，《格尔尼卡》与《停尸间》两幅作品也标志着毕加索与朵拉·玛尔关系的开始和结束。后来，毕加索将朵拉安置在美耐尔伯的那幢别墅中。虽然毕加索仍不时地去看望，但她在毕加索1946年以后的作品中永远消失了。第二年春天，方斯华姿·吉洛同意与毕加索生活在一起，这也意味着她与家庭的完全隔绝。吉洛对家庭期望的反抗更增添了她对毕加索的吸引力。后来的某一个契机，毕加索指责吉洛是一个始终说“不”的女人，但人们却从这句话中感受到了其中蕴含的尊敬和崇拜。在毕加索看来，这是吉洛的特别之处。对于女人，这是他首先看重的。他最厌恶的就是平庸。

吉洛与毕加索同居之后，毕加索以将她变成一枝长颈花的画面来表达自己的快乐。他还创作了一种半人半羊怪和半人半马怪来陪伴她的《花枝姑娘》。这些素描表面上体现出一种欢快祥和的情感氛围，但偶尔也会夹杂一些下意识的担忧，泛出几丝不祥之音。其中有一组描绘了一个青年和年老的半人半马怪进行着殊死的搏斗，画面中往往是年轻主角获胜，占有了他们争夺的美女。在与吉洛的交谈中，毕加索也常常流露出这些画中隐含的恐惧和担心，害怕一个较年轻的男人来夺走他的爱。可见，这时候毕加索已经流露出严重的自信心不足，开始面对岁月流逝的现实。作品已经无法舒缓毕加索的这种担心，他劝说吉洛生个孩子，“这将改变你的经历，使你与自然同一。生过孩子的女人才是完整的女人”。当吉洛怀上了他们的第一个孩子克洛德的时候，毕加索高兴地创作了嬉闹的半人半马怪家庭素描。1947 年 5 月 15 日，克洛德 · 毕加索出生在巴黎。

1947 年，毕加索的作品急剧“减产”，他的休作期直到第二年秋天才结束，因为他找到了一种新的宣泄创造力的途径，那就是制作和装饰陶器。他在法洛里斯的一家陶器场里工作，对陶工制作的陶罐进行修整和定型，然后用他自己的图案装饰。有时，毕加索自己也制作模子，主要是动物系列。他开始以他惯有的自由风格进行色彩和釉光实验，常常会反复进行很多次，直至获得满意的结果。这种工作从 1947 年到 1948 年冬天一直让他非常着迷。陶塑不仅让他可以进行动人神妙的变形实验，而且也让他找到了让自己继续繁忙起来的方法——毕加索是一个闲不下来的人。在与陶器厂工人的交往中，毕加索获得了特别的鼓励和安慰。他的陶器作品也反过来使得法洛里斯从一个寂静的场所变成了一个沸腾的城镇，这点又让其他的陶工对他更加崇拜和感激。

毕加索在法洛里斯制作了一批陶器，尽管它们都是轻松愉快的作品，但却很难与他的绘画、雕塑或者版画作品相提并论。陶器制作拓宽了他创作变形的才华，却绝不是他创作天才的核心。而且，无论毕加索的陶器多么迷人，它们都显示了毕加索创作水平的倒退，也是他自信心下降的另外一种标志。曾以《亚威农少女》和《格尔尼卡》震动世界的画家，如今却甘愿为别人制作的陶器作装饰，这或许是老年毕加索玩的一个全新的游戏，又或许是毕加索思想和技术上的创造力挥霍一空之后，不得不在材料上别出心裁的一个表征。天才如毕加索者，也有江郎才尽之时，这实在是一件十分无奈的事情。

从左至右：克洛德，毕加索，吉洛，帕洛玛

1949 年 4 月 19 日，毕加索与吉洛的第二个孩子出生，这次是一个女儿，取名为帕洛玛。本来毕加索是想让孩子使他和吉洛的关系更加亲密，结果却适得其反，毕加索一贯就是个不喜欢孩子的人，他是一个个人主义者，他才不愿意为孩子牺牲自己的时间和精力。而吉洛在帕洛玛出生之后也日渐消沉，就像生了病一样。两人的关系日趋冷淡，家庭生活变得索然乏味。

年龄上的鸿沟对于夫妻相处终究是一个很大的问题。而这时毕加索在艺术的探索也濒临停滞，他更多地开始参与共产党的事务，但对曾经的两个朋友却越来越不满意。保罗·艾吕雅因为纳西死后续娶的妻子并不喜欢毕加索，所以两人的关系日渐疏远。而另一个介绍毕加索入党的超现实主义诗人阿拉贡与毕加索的关系，则始终处于一种摇摆不定的状态。毕加索埋怨阿拉贡说：“如果他们不能与我睡觉，我就不能和他们成为朋友。我并不是向女人或男人索取这个，而是至少应有那种一个人在与别人睡觉时感受到的温暖和亲密感。”这是毕加索对朋友关系非常恳切的一种文学描述。

这里顺带要提一下的是，正是阿拉贡的牵线，使得毕加索的白鸽版画成为 1949 年共产主义国际和平大会的象征符号。我想读者还记得，白鸽对于毕加索有与众不同的意义，它是父亲带他进入美术之路的第一批模特，是他童年时期的好友。而今天，他的《和平鸽》获得了世界的影响力，他将自己的童年印象和《创世纪》中的鸽子与橄榄枝的传说结合起来，将一曲对世界和平的呼唤之歌传递到全世界。正如智利诗人聂鲁达所吟："毕加索的和平鸽/飞翔在世界的各个地方/任何力量也不能使他们/停止飞翔。"

《和平鸽》

1950 年，朝鲜战争爆发，毕加索通过报纸和电台再次感受到了血与火的恐怖。他的心理再次激荡起来，创作了一幅反战作品《朝鲜的屠杀》。这幅作品与戈雅的杰作《1808 年 5 月 3 日》的构图非常相似。毕加索在画中指责那些现代文明组装起来的“杀人机器”的暴行，画面中的侵略者被塑造成了机器人的模样，被屠杀者则全部赤身裸体。这幅作品不仅是对战争的批判，同时也是对现代文明褫夺了人类原始淳朴的一种反思。

1953 年，斯大林去世。第二天，阿拉贡就给毕加索打来电话，正如当年他建议毕加索将《和平鸽》给世界和平大会作为会徽一样，在这个共产主义领袖去世的时刻，他在电话中请求毕加索为斯大林画一幅肖像。毕加索毫不犹豫地答应了。给领袖画肖像还是第一次，他想尝试一下，没有任何其他的政治企图和考虑在其中。于是他在一张旧报纸上找到了一张斯大林 40 岁左右时的照片，挥笔完成了这件作品。毕加索当然并非完全没有意识到这种创作的政治危险性，但他是不可能本分地按照现实主义的条框去经营自己的作品的。他有意无意流露出来的现代主义手法令斯大林显得有些“变形”了。这使得法国共产党内的很多同志群起而攻之，认为毕加索亵渎了国际共产主义运动中的

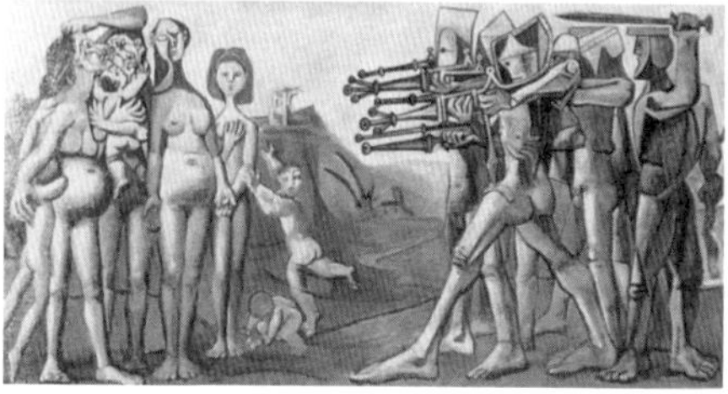

《朝鲜的屠杀》

戈雅《1808 年 5 月 3 日》

领袖人物。毕加索还想就艺术相对于政治的独立性给他的同伴做出论证，但越说就越令他意识到自己政治头脑的单纯。我们应该记住的一个事实是，任何时代，任何地方，政治都是一种无所不在的无意识，艺术绝不可能脱离政治，它们二者的这种关系并非只是艺术为政治服务，或者艺术反抗政治，而是艺术就在政治之中，艺术与政治的关系可能是有意识的或者无意识的认同、反抗、妥协等，但是，艺术却不可能与政治割裂开来，任何历史上的割裂——如浪漫主义或唯美主义——都只是表面上的割裂，而在深层中，他们恰恰是无所不在的政治的捕获物。

《斯大林肖像》

第一次被女人抛弃

毕加索与吉洛的关系恶化后，将注意力转移到政治生活上去，但在政治生活中毕加索显然没有找到自己真正的寄托，反而惹得了一身不愉快。他在 1952 年整个春天都感到十分厌倦乏味，无法沉下心来创作，他选择了去外面寻欢作乐。吉洛回忆说："这是自我认识毕加索以来，他第一次将为美术储存的宝贵精力浪费在轻浮和萍水相逢的作乐中。"她将毕加索的这种行为归结为对死亡的恐惧。年轻的吉洛似乎并没有看出毕加索真正的焦虑在哪里。真正让毕加索感到焦虑的是生命的意义这样的终极问题。随着年龄的增大，他不断反观自己，反观自己的思想和自己的艺术，虚空感不断地在这种反观中涌现出来。正如这一年毕加索与他所敬仰的电影演员卓别林见面后对那个喜剧大师的评价："卓别林现在真正的悲剧就是他的外形再也不能胜任丑角了，他已经老了，时间征服了他。”这句话同样也适合毕加索自己，他在被时间征服的过程中，感到虚空而没有方向感。

1952 年到 1953 年，毕加索创作了一些更加生活化和私人的画，这些画的内容主要是自己与孩子独处以及和吉洛在一起的肖像。这些作品比起此前一两年他创作的那些巨幅机械画，得到了业内人士更高的评价。这个时候帕洛玛已经三岁，已经能够和毕加索有一些有效的互动和交流了。毕加索再一次感到自己对孩子的复杂感情，他既能够在无邪的童真中感受到人性的天真美感，又深切地感受到

《作画的克洛德、吉洛和帕洛玛》

孩子的任性和哭闹令他的脑袋都要爆炸了。在这个时期他以吉洛为原型的油画中，我们又能发现很多新的动向，比如描绘她具有侵略性地与一只健壮的公狗嬉闹的两幅油画。公狗倒在地上站不起来，它的无助状态也许反映了毕加索在与他与情妇的生活中的弱势地位。1953 年 10 月，吉洛终于离开了毕加索，一切都结束了。而在这之前的一段时间，毕加索曾反常地逢人便说自己将被吉洛抛弃，这似乎是毕加索挽留小情人的非常愚蠢的招数，或者只是一个老年人内心日益脆弱的表现。

与吉洛关系的破裂，是毕加索丰功伟绩的情爱生活中第一次彻底失败，之前只有他自己将女人玩弄于股掌之间，老了他却晚节不保，被女人无情地抛弃。吉洛的主动断绝让毕加索的自信心受到空前的打击，再加上毕加索的名人效应，他的生活私事变成了世界范围内的新闻。毕加索觉得非常没面子，他的人生越发陷入低迷，美术事业亦几乎奄奄一息。当他重新拿起画笔之后，作品充斥着落荒而逃的失败者的形象，毕加索沉浸在无以复加的被抛弃的绝望中。一方面，这反映出与吉洛的分手给毕加索带来的巨大创伤；另一方面，这些创伤并非因为毕加索对吉洛的爱有多深，而是毕加索对自己的爱有多深。他眼睁睁地看着自己的失败，顾影自怜，无比感伤。在一切的化学反应中，与其说吉洛是参加反应的元素，不如说是一种催化剂更加合适。

狱卒深爱囚犯

这一年的 12 月中旬，毕加索开始创作一组猫与公鸡的画，这个主题始终与他当时无能为力的情感状态相关联。可怜的公鸡这次成了受害者形象，被猫衔在嘴里，毫无反抗之力。另一幅画中，被捆住双脚的公鸡孤立无助地躺在桌子上，身边放着一把刀和一个盛血的碗。但画面的情节却发生了一点变化：厨师到来之前，一只猫将公鸡偷走了。理解这幅作品无疑要从吉洛入手，但我们也不能忽略这时候介入毕加索生活的另外一个女人——杰奎琳·洛可。这位离了婚的 27 岁女人是毕加索家的亲戚，也是毕加索工作过的法洛里斯陶器厂的老板。吉洛的说法是，这个女人在

《被猫衔在嘴里的公鸡》

杰奎琳与毕加索

10 月底的时候“接管”了毕加索。显然，这是一次乘虚而入，但也是一次献身式的营救：“人们不该让这个可怜的一把年纪的男人孤零零地生活。我必须照顾他。”所以，在上面提到的那幅作品中，我们可以做出这样的解读：在厨师开宰之前偷走公鸡的猫代表的是杰奎琳，处理公鸡时，她比吉洛抢先了一步。我们似乎可以这样理解，杰奎琳如狐狸般对毕加索身边的那个位置早已虎视眈眈，处心积虑要得到。

无论如何，杰奎琳的照顾对年过七旬的毕加索来说是需要的。尽管越到后来他们的关系变得越加畸形，杰奎琳变成了一个爱着他的“囚犯”毕加索的冷酷狱卒，但最初却是杰奎琳将毕加索从失去吉洛的痛苦中拯救了出来。他一口气创作了 180 幅的系列作品《人间喜剧》，发表在一个叫作《激流》的刊物上。这些作品的主角始终是一个小老头和一个美少妇，一种强烈的漫画元素贯穿在对小老头形象的处理中，他被处理成一个肌肉松弛、生殖器萎缩的干瘪人物。这是一种苦涩的自嘲，同时也是一种无法释怀的对于衰老的认同。

但在现实中，毕加索还是不服输的，尽管这种不服输已经掺入了很大的水分。1954 年，吉洛带着孩子们来南方

《杰奎琳肖像》

《杰奎琳肖像》

与他们的父亲毕加索共度复活节。他们相处得还算融洽，毕加索不断恳求他们经常来看望他。有趣的是，在此期间，毕加索还开始创作一系列以美丽的金发少女希尔瓦特·大卫为模特的油画。不过毕加索的小算盘早就被聪明伶俐的吉洛看穿，画家已经没有了再去招蜂引蝶的魅力，想以此假象来引起吉洛的嫉妒也就不能实现了。吉洛带着孩子离开之后，毕加索就对这个系列油画的创作失去了兴趣，草草打发了那位漂亮的金发模特。

年龄越大，毕加索的创造力就越稀缺，他开始重复年轻时那些令他受益匪浅的工作，就是临摹历代大师的作品。这个时候他非常喜欢马奈的《草地上的午餐》，还有德拉克洛瓦的自画像以及那位他钟爱的西班牙前辈大师委拉斯开兹的作品。他的好友马蒂斯去世之后，毕加索并没有出席葬礼，临摹马蒂斯的作品成了他哀悼好友的独特方式。

欧仁·德拉克洛瓦（1798—1863），19世纪上半叶法国浪漫主义画家。想象力丰富、才思敏捷，是印象主义和表现主义的先驱。其艺术继承了文艺复兴以来的威尼斯画派、林布兰特、鲁本斯和康斯塔伯的成就，对后代艺术家如雷诺阿、莫奈、塞尚、高更、凡·高、马蒂斯和毕加索等都有很大影响。善于运用色彩，造型技巧可同提香或鲁本斯相媲美，作品富于表现力，和谐统一。《自由引导人民》是其最为世人熟知的名作。

在家庭生活中，毕加索可以说完全被杰奎琳俘虏了。他放弃了抵抗，屈从于自己的命运，作为一个因盲目崇拜他而占有他的女人的战利品，度过了余生。对于毕加索而言，杰奎琳或许是一根救命稻草，但这根稻草里却掩藏着一个女人对自己崇拜的男人的控制欲和占有欲。而杰奎琳对毕加索的盲目崇拜，也使得毕加索对自己作品艺术水平的认识越来越含糊，以至于有些“老糊涂”了。他的生活在杰奎琳的管束下渐渐与世隔绝，即使是自己的儿孙们，也被关在了他生活的大门之外。杰奎琳以爱的名义对毕加索的管束到了非常极端的程度。毕加索逝世后，杰奎琳独

《希尔瓦特·大卫肖像》

《画室中的杰奎琳》

自一人为他守灵，直到毕加索的遗体因为腐烂而不得不下葬的时候，她才松开双手，精神一度崩溃。杰奎琳为毕加索画上了一生情爱的句号。

第9章：降临中的安宁

最后的日子

1961年3月2日，毕加索与杰奎琳正式结婚。这是毕加索的第二次婚姻，此时他已经80岁。结婚后他们迁居到穆冉，住进一套有着精密安全系统——包括看门狗和电子门的公寓。毕加索彻底与世隔绝了，他的世界里只剩下绘画工具和杰奎琳。在这个封闭的环境中，毕加索度过了生命的最后十年。这个时期毕加索仍旧有丰富的作品问世，但精品已经凤毛麟角。岁月是人生的磨刀石，也是才华的腐蚀剂。

尽管有杰奎琳的严格保护，但冷酷的现实仍旧闯入了毕加索的生活。1964 年秋天，方斯华姿·吉洛的《与毕加索的生活》英文版出版。随后一年里，这本书的法文版、德文版和西班牙文版亦相继问世。毕加索对此感到非常愤怒，而且他的愤怒因杰奎琳的不满而分外强烈，因为吉洛在这本书里毫不留情地将杰奎琳的性格和行为描写得下贱无品。冷静下来之后，毕加索对吉洛提出正式起诉，要求她停止这本书的发行。这个冗长、屈辱和最终白费力气的法律程序耗尽了他的全部精力，1965 年 4 月以后，他竟然没有创作任何东西。

《抢劫萨宾女人》（仿达维特）

1965 年，命运再一次沉重地打击了毕加索。11 月的时候，他因为前列腺问题动了一次大手术，这次手术羞辱般地令他彻底失去了性能力。这一点在他手术后创作的一系列十分“破碎”的作品中得到了反应。1968 年 2 月 13 日，毕加索的老朋友萨巴泰斯去世，勃拉克和克科托也在几年前相继离去，毕加索青年时代的亲密朋友，现在已经所剩无几。萨巴泰斯去世后不久，毕加索创作了 347 幅非常怀旧的蚀刻版画，这些作品是他对巴塞罗那以及他的青年时代的怀念，也是对萨巴泰斯的一种缅怀。不幸的是，这些作品已经无法达到他巅峰时期的水平了，它们变得空洞而缺乏生气，形式和内容之间完全脱节。这些作品有着显著的诙谐色彩，总带有针对女人的辛辣挖苦，画面中的女性形象充满了懒散和愚昧、畸形和恐惧。此时毕加索对待女性的态度已是一种病态的扭曲，我们可称之为“厌女症”，而毕加索自己也已是老态龙钟，摇摇欲坠。

不过对于毕加索而言，只要生命还在继续，工作就不可能停止，他衰败的视力和听力仍不肯服输。此时的他已经没有了当年征服巴黎继而征服世界的勃勃野心，他不停歇地努力，也许只是出于一种工作的惯性。他或许并不清楚，在他居所之外的世界各地，他自己的美术展在不间断

《吻》

《坐着的老人》

地举行，他作品的身价也不断暴涨。这些事物只跟那个已经闯进了世界的“毕加索”这个名字有关系，与这位隐居穆冉的风烛残年的老画家却疏远得很。毕加索早已没有心思去关心那些无关生命的事情了。这个时候，是他一生最宁静的时候。

1973 年 4 月 8 日，星期日，下午 3 时，首先是法国电视台，然后是全世界各地的电台和电视台，宣布了毕加索逝世的消息。记者们闻风赶到毕加索在穆冉的寓所大门外。面对一大群记者，画家的老看门人就像一位新闻发言人一样来到记者的面前，他说：“毕加索先生每天早晨都在花园里散步。我给他送去秋牡丹和三色紫罗兰，因为他很喜欢它们。但是今天早晨，他不再来了，我的妻子跑过来哭着对我说，毕加索先生，他死了。”巨星陨落的报丧之音是如此之平静安然。这或许是毕加索期待看到的，因为此时此刻，经历了 92 个年头的人世纷争，他静静地去往了另外一个地方。那里，在毕加索最后的想象里，似乎正如他的立体主义绘画所描绘的奇幻世界。弥留之际，他一直呼唤阿波利奈尔的名字，难道他在呼唤曾经为自己的立体主义摇旗呐喊的诗人继续在天国世界为他加油助威吗？

毕加索

盖棺论定

在毕加索的一生中，美术风格转变的速度令人措手不及，忽而从古典主义转向立体主义，忽而从表现主义转向超现实主义，每一种风格的转变都是顺其自然，精品迭出。在美术门类上，他是个通才。他是杰出的画家、线描家、版画家、雕塑家和陶器技师；他不安于任何一种单一的艺术形式，总是试图不断扩展自己的涉猎范围，并结合自己的想象来无限发展自己的创造力。他的绘画对象总是自己、家人、朋友、情人和崇拜者，作品具有强烈而坦率的自传性。通过不同的色彩和形象，他展现出的却是相同的个人世界，这是一种过于主观的唯我独尊，也是艺术能够深入的重要保证。因为任何深入的艺术都是由内而外的，都是由我及他的。正如毕加索终生的朋友萨巴泰斯说的那样："只要我们能够一步一步重构他的历程，我们将在他的作品中发现他精神的变化、命运的打击、满足与烦恼、欢乐与愉快、一年中某一天或某一时刻经受的痛苦。”这个评价是完全正确的，道出了毕加索的人生和艺术之间的关系。

毕加索是伟大的，他的艺术和人生有着紧密的结合。书中我们已不止一次地强调，毕加索的成功不仅是天才的成功，更是勤奋的成功、际遇的成功。据统计，毕加索一生的作品总计近37 000件，包括油画1 885幅，素描7 089幅，版画20 000幅，平版画6 121幅。“创作得多，才能创作得好”未必是真理，但勤奋却是天下最重要的成功方法，没有例外。毕加索还经历了迄今为止人类历史变动最激烈的年代，现代社会的政治、经济和文化等方方面面的剧烈变化，源源不断为他的艺术创作提供原料，使得他从来不缺少来自外界的补给。在现代性和后现代性展开激烈争论的社会中，毕加索身上有着强烈的时代烙印，譬如那个时代普遍具有的个人主义、激进主义、道德价值的没落等问题。与此同时，现代社会也为毕加索提供了不盲从权威和创新可能性的时代精神，使得毕加索能够借着时代的东风越飞越高。

毕加索开创了20世纪重要的艺术流派之一——立体主义美术，这是一次契合时机的艺术分娩，换句话说，是一种喷薄欲出的艺术潜力在天才毕加索的头脑中得到了实现。它的产生源于深刻的历史继承和独特的天才革命。毕加索的背后站着委拉斯开兹、塞尚等多位大师。我们相信，我们都是我们的过去——我们的文化和我们的个人经历——的产物，毕加索的全部独特性也都来自于他的个人成长史，斗牛士的精神文化气质、西班牙人特有的那种漫不经心以及法国所赋予他的浪漫气质，如此种种，都被升华、凝结为一种艺术形式，这种形式本身就是一种颇具力量的思想。

和同时代的大师画家马蒂斯相比，毕加索的创作更接近自己的内心世界。我们能够在他身上看到一种奇怪的矛盾，一方面他是一个极端的个人主义者，另一方面他却明显依赖与各位男女伙伴的关系以支撑其创作活动。所以说，毕加索在本质上并不是一个尼采式的强者，在他刚强的外表之下，更多的是一种多愁善感和优柔寡断。他童年的生活际遇以及与父母之间的关系，正好印证了我们一直强调的，一个人的童年经历对他的影响是至关重要的，但这恰是个体生命难以控制的。

毕加索一生的风流史也是我们大为感慨的。他交往过的女人很难用数字统计，他过分的唯我独尊也让他虽然年轻时在情场上丰功伟绩，但是到老却感叹自己从未体会到爱。通过毕加索恋爱史的梳理，我们还发现，正如他的第一个恋人费尔南德所说的，“毕加索天生爱自寻烦恼”。是的，在女人的选择中，他一次又一次犯下相同的错误，而解决错误的办法，却是在她们对他已经不具有现实意义后的很多年内，通过持续的边缘关系紧紧抓住她们。如同他的艺术创作一样，毕加索的生活或许也可被视为一系列毁灭的综合，他就是一个创造者和毁灭者的双重化身。或许，他三岁时经历的那场地震以及此后与他如影随形的恐惧，正是他一生中许多变态口味和追求刺激的原始意象。这在他一桩接一桩的风流韵事中得到了充分证明。你可以说是女性成就了毕加索，也可以说是女性毁灭了毕加索。总而言之，除了艺术，毕加索的一生倘若需要挑选一个最重要的关键词，那就一定是“女人”。

毕加索与杰奎琳

在艺术之中，毕加索有一个很好的习惯，那就是临摹。这既是一种良好的学习方法，又是一种崇敬之心的养成，同时还是一种独特的自我证明的方式。在他的生命快要结束的时候，也许是在彼时围着他转的崇拜者的奉承和讨好之下，也许是在无意中促使他回到儿童状态的妻子的依恋和鼓舞之下，毕加索竟然开始了对自己作品的临摹。当然，并非每一个画家都能如提香一般到了晚年还能更入佳境，提香最后的画作在美术史上是无与伦比的。毕加索没能成为提香，他的晚年已经不可避免地艺术枯竭和才思锈蚀。

我们不得不感叹岁月催人老去的残酷，一代大师的谢幕竟然如此黯淡，“毕加索”渐渐变成了一个没有血肉的名号。我们写这本传记的一个重要目的，就是展现一个有血有肉的毕加索，让每一个读者意识到，纵然被无限光芒笼罩，毕加索仍旧是一个普通人，有自己的悲欢离合、喜怒哀乐，也有自己的脆弱渺小、不堪一击。但是，千万不要仅将注意力集中于此，希望读者能够在这部传记中看到毕加索成功的原因，通过了解其生平和创作来掌握一些理解艺术及毕加索的渠道和方法。我们希望通过毕加索来传递一种积极的艺术观，让我们亲爱的读者能够建立一种根基和立场，以应对当下纷繁复杂的艺术娱乐化现实，让我们不被疯狂的商业力量和盲目的大众文化捕获，拥有一种自主、独立的判断力，获得自己参与世界的最佳方式，获得我们自己的幸福和快乐。

总而言之，有追求，不迷失。

附录：毕加索年谱

1881年　10月25日，毕加索出生在西班牙马拉加市。父亲唐·约瑟·鲁伊兹·布拉索是一位美术教师。

1891年　10岁。全家迁往拉科鲁尼亚市。

1895年　14岁。进入巴塞罗那隆哈美术学院。

1896年　15岁。《初领圣餐》在巴塞罗那市展览会上展出。

1897年　16岁。《科学与仁慈》在马德里展出，并在马拉加市的美展中获得金奖。秋天，移居马德里，就读于圣费尔南多美术学院，直到次年6月。

1898年　17岁。离开马德里回到巴塞罗那，开始在“四只猫”俱乐部活动。

1900年　19岁。毕加索的像被挂在“四只猫”俱乐部。5月1日，巴黎世博会展出毕加索的《最后的时刻》。秋天，与友人卡萨吉玛斯前往巴黎，年底返回巴塞罗那。

1901年　20岁。6月到巴黎，在沃拉德画廊举办第一次个人画展。

1902年　21岁。1月，返回巴塞罗那。4月和6月，先后两次举办个人画展。10 月再到巴黎。

1903 年　22 岁。返回巴塞罗那。

1904 年　23 岁。4 月到巴黎，定居“洗衣船”，在这里住到 1909 年。

1905 年　24 岁。与现代派诗人阿波利奈尔和美国女作家吉德鲁德·斯坦因结交。4 月，阿波利奈尔发表对毕加索的评论，这是对毕加索的第一篇评论。认识费尔南德·奥利维耶，并与她同居。

1906 年　25 岁。拜访并结交著名画家马蒂斯。

1907 年　26 岁。作《亚威农少女》，初步创立立体主义。

1909 年　28 岁。第一次在德国举办毕加索画展。

1911 年　30 岁。4 月，第一次在纽约举办毕加索画展。

1911 年　30 岁。春天，与费尔南德分居，与伊娃·古埃尔同居。第一次在伦敦举办画展。秋天，在德国举办第二次画展。

1913 年　32 岁。2 月，在纽约的画展开幕。4 月，父亲在巴塞罗那去世。

1914 年　33 岁。《卖艺人一家》卖出 11 500 多法郎。

8 月，第一次世界大战爆发。

1915 年　34 岁。结识诗人、戏剧家兼电影导演让·克科托。12 月，伊娃病逝。

1916 年　35 岁。与克科托等在芭蕾舞团工作。

1917 年　36 岁。2 月，随芭蕾舞团赴罗马。结识欧嘉·柯克洛娃。4 月底，返回巴黎，6 月到巴塞罗那，直到年底。

1918 年　37 岁。年初，在巴黎与马蒂斯一起举办画展。7 月 12 日，与欧嘉结婚。

1921 年　40 岁。在德国第一次出版有关毕加索的论文集。2 月，儿子保罗出生。

1922 年　41 岁。为克科托《职业的秘密》插图。年底，拒绝安德烈·普鲁东参加“革命沙龙委员会”的邀请。

1923 年　42 岁。5 月，《艺术》杂志发表“毕加索言论集”。

1924 年　43 岁。4 月，在保罗·卢森堡画廊举办画展。6 月，为舞剧《水星》和《蓝色的列车》设计舞台和服装。

1925 年　44 岁。11 月，参加在皮埃尔画廊首次举办的超现实主义画展。

1927 年　46 岁。1 月，遇到玛丽·泰蕾丝。7 月，在保罗·罗森堡举办画展。

1929 年　48 岁。萨尔多瓦·达利访问毕加索。

1931 年　50 岁。纽约举办“毕加索的抽象艺术”展览。伦敦举办“毕加索的 30 年”画展。

1935 年　54 岁。春天，在巴黎皮埃尔画廊举办画展，由超现实主义作家佐拉作序。10 月，与玛丽·泰蕾丝的女儿玛雅出生。

1936 年　55 岁。遇到朵拉·玛尔。7 月，为罗曼·罗兰话剧《七月十四日》设计舞台。7 月，西班牙内战开始，毕加索的作品被织成纺织品。

1937 年　56 岁。创作《弗朗哥的梦幻与谎言》。4 月 26 日，德国法西斯轰炸西班牙格尔尼卡小镇。5 月，开始创作《格尔尼卡》。7 月 18 日，在《春野》杂志上发表反对弗朗哥的声明。12 月，在《纽约时报》发表声明，呼吁美国艺术家代表大会支持西班牙反法西斯斗争。

1938 年　57 岁。到尼斯访问马蒂斯。

1939 年　58 岁。1 月 13 日，母亲病逝。在纽约、伦敦、芝加哥、洛杉矶、巴黎先后举办画展。纽约现代艺术博物馆和芝加哥艺术研究院举办“毕加索艺术活动40年展览”。

1940年　59岁。此后五年，在德国法西斯占领时期的巴黎不再举办画展。

1944年　63岁。10月5日，参加法国共产党。12月14日，在《新群众》和《人道报》发表加入共产党的声明。

1946年　65岁。6月，在巴黎路易·卡列画廊举办“毕加索艺术50年”展览。

1947年　66岁。5月，与方斯华姿·吉洛的儿子克洛德出生。

1949年　68岁。应阿拉贡建议画《和平鸽》。4月，女儿帕洛玛出生。

1950年　69岁。到华沙参加“保护世界和平大会”。

1950年　69岁。8月，《抱绵羊的男人》在瓦罗利广场揭幕。11月，获列宁和平奖金。

1951年　70岁。1月，创作《朝鲜的屠杀》。

1952年　71岁。4月，准备为瓦罗利教堂创作《战争》与《和平》壁画。

1953年　72岁。3月，斯大林去世，画斯大林像引起风波。著名导演埃默为毕加索拍摄纪录片。年底，方斯华姿·吉洛离开毕加索。

1954 年　73 岁。夏天，与杰奎琳·洛可同居。11 月，马蒂斯去世。

1955 年　74 岁。6 月至 10 月，法国政府在巴黎装饰艺术博物馆主办毕加索大型画展，德国慕尼黑也同时举办大型画展。著名导演卢佐为毕加索拍摄《毕加索的秘密》。

1956 年　75 岁。在德国汉堡和科隆举办画展。10 月，在巴塞罗那举办战后的首次画展。莫斯科举办大型画展庆祝毕加索 75 岁寿辰。

1957 年　76 岁。5 月至 9 月，纽约和芝加哥先后举办“毕加索 75 岁寿辰画展”。8 月，创作《伊卡洛斯之死》，塑在联合国大厦的墙壁上。

1961 年　80 岁。3 月，与杰奎琳·洛可结婚。6 月，迁居穆冉。10 月，庆祝 80 大寿。

1862 年　81 岁。再次获得列宁和平奖金。纽约现代艺术博物馆举办毕加索 80 寿辰画展。

1863 年　82 岁。3 月，巴塞罗那“毕加索博物馆”开幕。8 月，勃拉克去世。

1866 年　85 岁。10 月，世界各国举办毕加索 85 岁寿辰展览。11 月，法国文化部长先后两次主持画展的开幕仪式。

1970 年　89 岁。5 月，“洗衣船”失火。

1971 年　90 岁。10 月，举办 90 岁寿辰庆祝会。法国总统蓬皮杜主持毕加索画展揭幕仪式。

1973 年　92 岁。4 月 8 日，逝世于法国穆冉。4 月 10 日安葬于伏文那格公墓。

1977 年　法国政府正式鉴定毕加索遗产达 2.2 亿美元，并同意其由其遗孀杰奎琳、子女保罗、玛雅、克洛德和帕洛玛继承。

参考书目

1. 皮埃尔 · 戴《毕加索传》，江苏教育出版社2005年。

2. 玛丽·马修斯·吉多《毕加索——私生活与美术创作》，湖南美术出版社1992年。

3. 马丁·本瑟姆《毕加索：情人与鸽子》，大连理工大学出版社2008年。

4. 雅瑞安娜·哈芬顿《毕加索：创造者与毁灭者》，北金城出版社2007年。

5. 周时奋《毕加索画传》，山东画报出版社2004年。

毕加索作品——《阿维农少女》